# 女たちのポリティクス

台頭する世界の女性政治家たち

ブレイディみかこ

GS
幻冬舎新書
621

# はじめに

東京オリンピック・パラリンピック競技大会組織委員会の森喜朗元会長が、女性蔑視とも受け取れる発言で辞任した。このニュースは英国でもＢＢＣなどで報道されたのだが、それを見て、思わず「えっ」と驚いたのは元会長が83歳のご高齢だったことだ。彼が生きてきた年数は、日本の国政で女性参政権が認められてからの年数より長いのだ。

日本で女性が参政権を行使したのは昭和21年（１９４６年）に戦後初めての衆議院議員総選挙が行われたときで、39名の女性国会議員が誕生した。

わたしが住んでいる英国では、女性に参政権が与えられたのは日本よりも28年早い、１９１８年だった。同年に行われた総選挙では全国で17人の女性候補が出馬し、当選を果たしたのは一人だった。当時は英国の植民地だったアイルランドのダブリン市内の一選挙区から立候補したコンスタンス・マルキエビッチである。

わたしは『女たちのテロル』（岩波書店）という本で彼女について書いたことがある。というか、正確には、アイルランドの独立を求めたイースター蜂起（1916年）で凄腕の女性スナイパーとして戦ったマーガレット・スキニダーについて書いた部分に脇役として登場してもらったのだが、これが調べれば調べるほど主役を食うほど強烈でクールなキャラクターだった。彼女はマーガレットの師匠とも言える狙撃の名手で、イースター蜂起でも蜂起軍指導者の一人として軍服を着て戦った。「マダム」の愛称で呼ばれた彼女は、裕福な大地主の娘として育ち、アイルランドの詩人、ウィリアム・バトラー・イェイツの幼なじみでもあった。パリに渡って私立美術学校でアートを学んでいたときにポーランド系ウクライナ貴族のマルキエビッチ伯爵と出会い、彼と結婚した。しかしこの伯爵夫人は、裕福な育ちにもかかわらず労働問題や貧困問題に関心を抱いており、「アイルランドは独立すべき」という思想を持っていた。

彼女は、十代のアイルランドの少年たちに狙撃を教え、フィアンナ・エイリアンという準軍事組織を作った。そしてイースター蜂起では、セント・スティーブンス・グリーンに陣取った軍隊で副司令官として英軍と戦った。蜂起軍が降伏すると他の蜂起軍指導者たちと共に死刑の宣告を受けたが、女性だという理由で減刑になり、終身刑に処された。しかし、蜂起の翌年、1917年には大赦を受けて釈放され、女性参政権が初めて認められた1918年の英国総選挙で、アイルランド独立を目指していたシン・フェイン党候補として立候補し、見事に当選を果たした。

しかし、彼女は他のシン・フェイン党の議員と同じようにウエストミンスターの英国議会には一度も登院しなかった。登院するためには、英国王への忠誠宣言をしなければならず、彼女たちはそれを拒否したからだ。

そのため、英国初の女性国会議員はナンシー・アスターということになっている。アスターは1919年に夫が下院議員から上院議員になったため空いた議席に立候補して当選し、1921年まで（ちゃんと登院して）下院議員を務めた。しかし、それでも英国で初めて国会議員に選ばれた女性はマルキエビッチだったという事実は変わらない。英国の女性国会議員第一号はアイルランドから誕生し、しかもそれが英軍に向かって銃を撃ったスナイパーだったという事実は面白い。初めて当選した英国の女性国会議員は「抵抗の人」だったのである。

1910年代は、英国で「サフラジェット」を名乗る女性たちが女性参政権を求めて闘った時代でもあった。保守的な政治家からは「テロリスト」と呼ばれた彼女たちは、「言葉より行動を」を合言葉に、ストリートで投石や放火、自家製爆弾攻撃などの過激な活動を行った。英国で特に有名なのは、1913年にエプソム・ダービーで国王の競走馬の前に飛び出して命を落としたエミリー・ワイルディング・デイヴィソンだ（彼女は拙著『女たちのテロル』のもう一人のヒロインでもある）。デイヴィソンの行為が自殺だったかどうかは不明だが、大勢の人が集まる場所でショッキングな行動を取ることで女性参政権運動への注目を集めることが目的だったのは間違いない。余談になるが、英国の公立中学校に通っているわが家の息子は、彼女について、歴史とシティズンシップ・エデュケーションの二つの科目で教わっている。

女性が政治に参加する権利を得る前には、このように体を張った闘いがあった。それは、現代のわたしたちには「なんでそこまでしたのだろう」と思えるほどの、凄まじい反逆であり、命をかけた抵抗だった。

それはその時代の女性たちが、自分たちも政治に参加すれば、自分たちが置かれている状況を変えられると信じたからだろう。「女性だから」という理由で許されないことやできないこと、抑圧されることや搾取されることはあってはならないと強く信じたからだろう。つまり、女性に参政権がなかった時代の女性の政治への働きかけは、反逆であり抵抗だった。わたしたちにも公に政治を動かす権利を与えろ、黙ってあなたたちが決めることに従わせられているのはおかしいだろう、と気づいた者たちの身を挺した抗議だった。

しかし、それは100年以上も前の話である（日本の場合はまだ女性が参政権を得てから100年経ってないが）。女性は投票できるようになり、立候補できるようになって、多くの議員や大臣が生まれ、首相たちも誕生した。それと同時に、女性たちの政治参加の形も次のステージに推移することとなった。いったん政治を行う立場になった者にとり、政治はもう反逆や抵抗ではない。なぜなら、反逆や抵抗や闘いは、運動のときにやるものだ。政治は違う。政治とは、自分の正義を声高に主張することではなく、説得することであり、論敵を負かすことではなく、人々の違う意見や利害を調整することである。

世界を見渡せば、近年は多くの女性政治指導者が生まれている。少し前では考えられなかった、非常に若い女性リーダーたちもいる。彼女たちは、それぞれに政治信条もバックグラウンドも違うが、各々の国や政党で「政治」を行っている。そしてそれに長けているからこそ、リーダーの地位まで上りつめたのだ。

100年前に「テロル」を行って政治に参加する権利を得た女性たちが、政権に就き「ポリティクス」を行うようになった。ドイツのメルケル首相から、ニュージーランドのアーダーン首相、BLM運動の女性リーダーたち、日本の小池都知事など、様々な政界の女性指導者たちについて考察した本書のタイトルを『女たちのポリティクス』にしたのはそのことに由来している。

この本は2018年12月号から2020年11月号まで「小説幻冬」に掲載された文章をまとめたものなので、政治家の役職などの情報は、文章が掲載された時期のままになっている。だからメイ前首相のようにもう辞職した人のことも、当時のまま首相扱いになっている文章があるし、トランプ前大統領もまだ大統領ということになっている。最近は「一年ひと昔」の時代が来たかと思うぐらい政治状況の変化がめまぐるしいので、

2年ぐらい前の文章を読んでも「へえ、あの頃はそうだったんだ」「なるほど、そこに伏線があったんだ」と改めて気づくことがあり、少し前の状況を振り返りつついまを考える材料として読んでもらうのも一興かもしれない。特に後半に多く登場する「フェミナショナリズム」の概念と、なぜ欧州の右翼政党に女性指導者が増えたのかについて考えた文章などは、日本の保守の女性政治家について考えるときにも相似する点があるように思えるので、日本の現在にリンクする参考資料として読んでいただけるのではと考えている。

女たちのポリティクス／目次

# ＥＵ離脱とメイ首相

## おしゃれ番長はパンチバッグ

「小説幻冬」２０１８年12月号掲載。
以下、初出の掲載号を明記

テリーザ・メイ

### 官邸の扉に縛り付けてでも

「非常に弱いリーダー。というか、まったくリーダーではない」
ある保守党議員が、テリーザ・メイ首相を評してこんなことを言ったと英国の雑誌ニュー・ステイツマンに書かれていた。が、そのくせ彼はまったく矛盾することも言っている。

「ＥＵ離脱が終わるまで、彼女は首相に留まらねばならない。彼女が辞めたら、この国は究極の危機に陥る。我々は彼女を官邸の扉に縛り付けてでも辞めさせるわけにはいかない」

EU離脱交渉が終わるまでは、たとえ本人が辞めたいと言ってもぜったいにメイ首相は辞めさせない。そういうコンセンサスが与党内にあるというのだ。「スケープゴートになる人材」とあらかじめ決まっている人がEU離脱交渉を行っているのである。これは英国に住む我々にとってはホラーだ。つまり、誰もEU離脱交渉がうまくいくとは思ってないのだ。誰がやっても失敗するなら、メイ首相にばっちい泥をぜんぶ被ってもらってEU離脱完了後に消えてもらおう。という暗黙の了解が、政界に広がっているという。

英国はもうEU離脱をしたものと思っている日本の人たちもいるようだが、2018年12月現在、我々はまだEUを出ていない。が、2016年6月に行われた国民投票から離脱するまでの期間が、あまりにも長く、そしていろいろあり過ぎて、庶民はなんかもうダレてしまっている。EU離脱をめぐる「驚愕の事実」だの「新たなる衝撃」だのが毎週のように明らかになると、いい加減に麻痺してくるのだ。

思えば、最初の「衝撃の新事実！」は、国民投票から半年もしないうちにやってきた。

ＥＵに離脱の意向を告げる「リスボン条約第50条」が、国民投票の結果だけでは行使できないというのだ。投資ファンドマネージャーのジーナ・ミラーという女性が、「国民投票の結果には法的拘束力はなく、議会での承認が必要」と裁判所に訴え出ちゃったのである。これは英国の庶民だけでなく、政治家や識者たちにとっても晴天の霹靂、えっ、そんなの聞いてなかったよ、な訴えだった。そして、英国の高等法院は、その訴えをあっさり認めたのである。

「え。じゃあ、あれほど大騒ぎした国民投票って何だったの？」と英国の人々は一気に拍子抜けした。そもそも、国民投票に法的拘束力がないという事実を政治家や識者たちは誰も知らなかったのだろうか。

その恥ずかしさをごまかすためでもなかろうが、結局は（当然ながら残留派議員も含む）英国議会が国民投票の結果を承認し、いちおうＥＵとの離脱交渉が始まったわけだが、２０１７年の秋になると2度目の「驚愕の新事実」がやってきた。

今度は北アイルランドが離脱のとてつもない障害になってしまうことが浮上したのだ。北アイルランドは英国領であり、アイルランドが英国から独立したときに同地域だけが残留した。しかし、まあここもEU離脱と同じようなもので、英国に残り続けたいと思う人々もいれば、アイルランドに戻りたいと思う人々もいた。そのため1960年代からユニオニスト（英国に残り続けたい人たち）とナショナリスト（アイルランドに戻りたい人たち）のゴタゴタが激化し、紛争とテロで多くの血が流れた。しかし、あまりに多くの犠牲者たちが出た後で、やっぱいつまでもこんなことを続けるのは大人げないから、なんとかしましょうよと、ようやく1998年に和平合意が締結された。実のところ、これは英国もアイルランドもEU圏の国になったことをうまく利用した取り決めだった。両国の間に鉄条網の国境がなくなったので、アイルランドと北アイルランドの間を自由に行き来できるようになり、それが人々の気持ちを軟化させ、「時代は変わった。いつまでも古臭い紛争とかやっててもしょうがないよね」という空気をもたらすことに繋がったからだ。ところが、英国がEUを離脱すれば、また北アイルランドとアイルランド共和国の間に国境が復活することになる。

「え。そんなことすっかり忘れてたじゃん」と英国の人々は驚いた。北アイルランドという地域は何かと忘れられがちなのだ。しかし、それよりもびっくりしたのは、英国政府も政治家も北アイルランドのことをよく考えていなかったということだった。

　こうも衝撃が続くと、そのうち何が起きてもたいしたこととは思えなくなってくる。こうした国民のムードを反映しているのか、２０１８年に行われた世論調査会社YouGovの調査では、離脱派も残留派も50％以上の人々が「ブレグジット《ＥＵ離脱》には飽きた」と答えている。

## メイボット

　そんな風にめっきり冷めてしまった国民の政治への関心を喚起するためなのか、メイ首相は今秋、いきなり奇抜な行動に出た。

　党大会の演説の壇上に、なぜか踊りながら登場したのである。アバの「ダンシング・クイーン」の調べに乗ってステップを踏み、踊りながら演壇に向かったメイ首相は、もしかしたら70年代のディスコで流行したロボットダンスのつもりだったのかもしれないが、それは映画「オズの魔法使い」のブリキ男の動作であった。その動きは血の通った人間にしては妙にぎくしゃくし過ぎていたのである。

ふつう、人前でわざわざ踊ろうというのだから、むかし取った杵柄、ぐらいのレベルのダンスを見ている方は期待する。しかも、メイ首相はセックス・ピストルズのジョニー・ロットンと同い年のパンク世代だ。いくら彼女が牧師の娘で勉強のできる優等生だったとはいえ、あの時代の若者なら、週末の夜はファンキーに遊んでいたに違いない。などという国民の期待は見事に裏切られた。

以前から、彼女の動きの硬さは、「メイ首相は実はロボットなのではないか？」という憶測を生み、２０１７年には『I, Maybot（私はメイボット）』という本さえ出版されていた。そのロボット疑惑を、踊るなどという行為でさらに強化して彼女はいったい何を得たかったのか。

メイ首相がすべったケースはもう一つある。なぜか朝の情報番組「This Morning」にカメオ出演したのだが（これ、日本で言うなら「スッキリ」のような番組）、セレブが多数出演したジョークビデオの中に、本物のメイ首相が出てきたとき、お茶の間は騒然となった。

ブレア元首相もチャリティー番組にカメオ出演したことがあったし、英国では首相がユーモアのあるところを披露するのは伝統芸でもある。が、またもやぎこちなくメイボットぶりを発揮したメイ首相の姿は、笑いというより激しいムカつきを視聴者に与えた。「テレビ番組に出るより、集中すべき問題は他にあるだろ」「クソみたいなシーンを撮ることはできるのに、ＥＵとの交渉をまとめることはできない」などの激昂のつぶやきでツイッターが赤く燃え盛ったのは言うまでもない。

が、こんなメイ首相でも、就任当初はスタイリッシュだったので「おしゃれ番長」と呼ばれた。ＵＫ版ヴォーグは、「強く、安定した」というメイ首相の口癖をもじって、彼女の「強く、安定したワードローブ分析」という特集を行ったほどだ。同誌によれば、メイ首相のファッションは、「大ぶりのネックレス」「ちょっと遊びのある靴」「ソアト・パワーを象徴する色」など、いくつかの原則で構成されているという。この基本ルールを知れば、確かにメイ首相の服装は、数珠みたいなネックレスにしろ、ヒョウ柄のハイヒールにしろ、判で押したように常にその原則の枠内で展開されている。着る物が気分に左右されたりする人間というより、ＡＩが編み出したファッションのようだ。やはり彼女はメイボットなのだろうか。

## 「鉄の女」にはなれない

英国では2人目の女性首相であり、ともに保守党であることから、メイ首相はサッチャー元首相と比較されてきた。だが、多くの労働者たちに忌み嫌われて悪魔と呼ばれても「この道しかない」とサッチャリズムを推進したサッチャー元首相とメイ首相の最大の相違は、メイ首相にはあのような強い理念はないということだ。メイ首相のモットーはプラグマティズムだと言われるが、それもあまりに行き過ぎ、「メイ・ドクトリンは日和見主義のこと」と指摘されるほどである。

彼女はＥＵ離脱交渉を担当した首相として後世に名を残すだろう。しかし、これにしても、「ブレグジットと言ったらブレグジットです」みたいな強硬なことを言っているわりに、首相になる前は彼女は残留派だった。だから２０１８年現在でも英国の人々の48％が、「メイ首相は本心ではＥＵに残留したいと思っている」と考えている（YouGov調査）。

そもそも彼女は、ＥＵ離脱投票の後で首相候補の大物議員たちが続々と退任・失脚するなかで、火中の栗を拾っちゃった、みたいな形で偶然に首相の座を手にした。そして、官邸前の首相就任後初の演説では「少数の富める人々ではなく、すべての人々のために働く政府をつくります」と人道的なことを言ったので、これは緊縮をやめるという宣言なのかとみんな期待した。が、蓋を開けてみれば相も変わらず財政支出の削減を続け低所得層を泣かせた。だから、そんなメイボットに庶民は肘鉄を食わせた。首相になった翌年の２０１７年、自信満々で臨んだ解散総選挙で、反緊縮マニフェストで人気を集めた労働党に猛追され、まさかの与党過半数割れという情けない結果になったのである。するとと、急にメイ首相は「緊縮を終わらせる」と言い始め、自ら左派のガーディアン紙に寄稿までした。これは日本で言えば、朝日新聞に安倍首相が寄稿するようなものだ。彼女が書いた記事は、保守党は庶民の家計を助け、公営住宅を建て、減税を行い、インフラに投資し、英国の未来のために緊縮を終わらせます、という内容で、労働党のコービン党首が書いたのではないかと見まがうほどである。

まさに、方向転換につぐ方向転換。ロボットみたいで人間味がないと言われたら演説で踊ってみたり、ユーモアがないと言われたらテレビ番組のコメディに出たり、社会主義的な政策が人気と聞けば労働党の真似をしてみたり、くるくる転換し過ぎて貧血寸前になっているのではないか。そんな心配すらしてしまうほど生気のない顔でメイ首相は人前に立つ。だからこそ、彼女は有権者を不安にさせるのだ。それでなくともEU離脱で不安な英国の人々は、メイ首相を見ると嫌な予感がして、すべてが失敗に終わるような気になって「しっかりしてくれ」と激怒したくなり、でも彼女もいまにも倒れそうなので、悲しくて悲しくてとてもやりきれない〜、みたいな気分になるのだ。この国民のムードを、カルト的人気を誇るコメディアンが演じる架空のブロードキャスター、ジョナサン・パイが代弁している。

「テリーザ！　もう辞めろ！　あんたにはうんざりだ。俺はあんたが象徴するものすべてが大嫌いだ。それにあんたはクソのように仕事ができない。そして最悪なのは、あんたが咳き込む姿をテレビで見るたびに、俺はあんたがかわいそうになってくるんだよ……。辞めろ、テリーザ！　失せてくれ」

こうして原稿を書いている間にも、強硬離脱派の保守党議員がクーデターを起こしてメイ首相を辞任させるかもという報道が流れてきた。しかし、わたしはもう驚かない。過去1年以上、彼女はずっと、辞めさせられる、今度こそもうダメ、と言われ続けてきたから。でも、それでも彼女はなぜかまだ官邸にいる。

２０１８年秋、英国で１０００万人が見たというＢＢＣの超高視聴率ドラマ「ボディガード」では、ヒロインの内務大臣は首相になる前に殺された。

ヒロインの最後はメイ首相への痛烈な当てつけだったという説もある。メイは首相になる前、内務大臣だったからだ。

１９８０年代に「鉄の女」マーガレット・サッチャーの雄姿を見て政治家を目指した少女は多かった。が、「パンチバッグにされた女」テリーザ・メイのしょぼい姿を見て、あんな目にあってまで政治家になりたいと思う少女たちはいるだろうか？

メイ首相が来週辞めるとしても、来年辞めるとしても、その影響が明らかになるのはいまから30年後だ。

# メルケル時代の終焉
## EUの「賢母」か「毒親」か

２０１９年１月号・２月号

アンゲラ・メルケル

### 震源地は漬物石

揺れる欧州の中心に坐する漬物石。

そんな印象のドイツのメルケル首相が、長年率いてきたＣＤＵ（キリスト教民主同盟）の党首選に出馬しなかった。事実上、２０２１年の任期満了をもって首相の座を退くことになったのだ。もちろん、その前に総選挙が行われることにでもなれば、そこでメルケルは退任となる。

「ＥＵ大統領」とまで呼ばれた欧州の大ボス、メルケルの引退声明は、当然ながら欧州各地に衝撃を与えたが、まずはドイツ国内の反応を見てみよう。

「彼女が悪い仕事をしたとは思わない。でも、いくつか良くない仕事もした。よく考えなかったというか、ちょっと軽率だったというか。2015年に彼女がしたことは正しいことだったけど、やり方が間違っていた」

「メルケルはもっと早く去るべきだった。2015年のあのカオスを自分は受け入れられなかった。彼らはパスポートなしで国境を越えてきたんだ。他のどこであんな事態が起きるっていうんだ。そしてあの、『私たちにはできる、私たちにはできる』という執拗な断言。できるのかどうか、今になってわかってきたんだよ」

「移民を受け入れるということは、彼らを統合することとは違う。そんなにシンプルではないんです」

「世界を不安定にしている要素はたくさんあります。メルケルは安定の中心にいる。彼女がいなくなったらもっと不安定になるでしょう。でも、もはや彼女は勢いを失っている。半々ですね。変化は欲しいけど、同時に不安もある」

これらは英紙ガーディアンのドイツ特派員による現地レポートに登場するドイツの

人々の言葉だ。中には17歳の少年の発言もあるのだが、彼などは4歳のときからメルケルが首相なのである。旧東ドイツを中心に極右政党が支持を拡大したりして政局が混沌としている時に、長いことドイツの安定の象徴だった首相が引退声明を発表すれば不安になる人がいるのは無理もない。

個人的には、このドイツ各地からのレポートを読んでいて、自分たちの国だけではなく、「世界の」混乱や不安定化と、メルケルがいなくなることを結び付けて語る人がけっこういることに驚いた。英国在住のわたしからすれば、ドイツの人たちは、自分たちの国が世界を動かしていると、こんなにあからさまに思っているという事実が何より印象的だ。もし英国なら、自分たちの首相が辞めたところでそれで世界が不安定化するなんてスケールの大きいことを言う人はいない。ドイツの人々には、庶民レベルでも「EUの中心はうちの国」という自覚がはっきりとあるのだ（実際には本部はブリュッセルにあるのだけれども）。

それで、そのEUの枢軸国ドイツの首相を13年間も務めてきたメルケルは、文字通りヨーロッパの中心にどっしりと座る漬物石のごとき存在だった。ところが、実際にはこの漬物石こそが世界の混乱を招いてきたという見方もある。刻々と状況が変わるうつろいやすい時代にあって、この石はあまりに固く、いろんな意味で重過ぎたというのだ。

## ナチ再来を防ぐには借金を返すしかない？

前述のドイツの人々の言葉にもあるように、メルケルの失脚の原因は2015年に中東から押し寄せた移民・難民受け入れにあると思っている人も多い。

しかし、ドイツ以外のEU国では、その前からメルケルの評判はすこぶる悪かった。「EU大統領」として、EU圏内の他の国々に緊縮財政政策を強制してきたからである。

メルケルは野党時代にはあからさまな「小さな政府」主義者だった。とはいえ、米英のようなすべてを市場に任せるレッセフェールではなく、必要であれば国家が進んで介入する「社会的市場経済」を目指した。しかし、ここで特筆すべきことには、彼女はコテコテの財政均衡原理主義者だったのである。

財政均衡にできるだけ近づければ通貨の信頼を得られ、国債の金利を下げ、経済発展を果たすことに繋がるんです！　と信じるメルケルは、ヴァイマール時代のハイパーインフレがナチを生んだと信じる古い世代の経済思想の持ち主だった（近年では、1910年代から20年代初頭にかけてのハイパーインフレではなく、1930年代の大恐慌によるデフレと失業がナチの台頭を招いたというのが定説になっている）。だから、ナチの再来を防ぐには倹約と清貧で国の借金を減らすしかないのよ、みんなで痛みを分け合いましょう、とばかりに、もはや単なる経済の話ではなく、道徳論というか宗教的といってもよいほどの緊縮信者になってしまったのだ。

で、もしもドイツが独自の通貨を持っていれば、何だって好きにやってくれていいのだが、ドイツの通貨はユーロである。メルケルの思想に他のEU加盟国まで引きずられることになり、「俺らの国は貧乏だから、緊縮で福祉やら医療やらどんどん削っちゃうと国民が死んじゃうんだけど」みたいな国々まで緊縮を強いられ、民衆の不満がたまりにたまって欧州各地で反緊縮運動なるものが生まれた。その最も有名なものが、2015年のギリシャ経済危機のときに国民投票で緊縮策にノーを突き付けたギリシャ国民たちの姿である。

あのときも、執拗にギリシャに緊縮強化による債務返済を迫るメルケルの姿は、欧州の他国の庶民には「融通のきかない高利貸しの元締め」みたいに見えてしまっていたのであり、もっと言えば、金持ちの国による貧国いじめ、みたいな嫌な後味すら残した。

「ドイツとフランスは1945年に巨額の債務を抱えていたが、どちらも完済していないということを忘れてはならない。そして今、この二国が欧州南部の国に借金を返せと言っている。これは歴史の健忘症だ！」と、『21世紀の資本』で一世を風靡したトマ・ピケティが痛烈な皮肉を叩きつけたのはこの頃である。彼女の人気の失速の原因は、移民問題ではなく、頑迷な緊縮の押し付けだったと言う人も欧州では少なくない。

## メルケルとフェミニズム

ＣＤＵという政党は、メルケルが入党した頃は、保守的な南部のカトリックの弁護士のようなタイプの党員が多かったそうだ。つまり、政党としての女性に対する考え方は、Kinder, Küche, Kirche（子ども、キッチン、教会）に専念すべしという古臭いものだった。てやんでえ、ふざけんな。と、ヒラリー・クリントンあたりならガンガンまともにぶつかっていきそうなものだが、メルケルはコール元首相に目をかけられ、「コールの娘」と呼ばれるほどになる。男性のお偉いさんからかわいがられることによって出世の階段を上っていったのだ。

こういう女性はふつうの会社とかでもけっこういると思う。他の女性たちがまともに女性差別やセクハラと闘ってキャリアの壁にぶつかっているときに、男性上司に性的対象ではなく（ここ大事）「娘」的な存在として目をかけられ、教育されて重用されるようになり、するする壁を突き抜けていくタイプだ。メルケルは、まさにこのタイプだった。が、「政界の父」コールに闇献金疑惑でババがつくと、あっさり寝返り、いきなり新聞紙上で彼への絶縁状を発表。これがきっかけでCDU初の女性党首になるのだから、おきゃんなフェミニストよりよっぽど非情というか、見切りが早い。コール元首相は後に彼女を暗殺者と呼んだ。

ところで、面白い逸話がある。２０１７年9月16日付のニューヨーク・タイムズ紙によれば、ドイツのハンブルクで行われたG20首脳会合（イヴァンカ・トランプも出席していた）で、モデレーターが「あなたはフェミニストですか」と質問したとき、メルケルは手を挙げなかったというのだ。「世界で最も影響力を持つ女」が、なぜかフェミニストを公言することを避けたらしいのである。

米国のヒラリー・クリントンは、所謂、女性政治家のガラスの天井を打ち壊し、歴史に名を残そうと声を荒らげて闘い、猛烈なミソジニーのバックラッシュに遭った。だか、この点では、メルケルはミセス・クリントンとは好対照である。「傷つけられないように口を閉じ、ぐっと我慢して、注意深く機会を狙う」タイプ。ドイツのジャーナリストはメルケルをそう評している。

世界中で「ミー・トゥー」と女性たちが手を挙げる時代になっても、この漬物石は容易に手を挙げず、じーーっと動向を見守っている。まるで「鳴かぬなら鳴くまで待とうホトトギス」の徳川家康みたいだ。メルケルの腰は軽くない。

## 「校庭の少年たち」

例えば、ＥＵ離脱投票の事後処理役として政権を取った英国のメイ首相のように、危機に陥ると女性が責任者に選ばれることはままある。男性たちはリスクを取りたくないので、どうせ失敗するかもしれない時期なら女性にやらせとけ、と難所を乗り切らせておいて、危機を脱したら男性が出てきて「さあ、新時代のはじまりです」とトップ交代になる、というアレである。

そういう意味では、メルケルも闇献金スキャンダルでCDUがピンチに陥ったときに党首に選ばれた。だが、彼女は急場を乗り切っただけでなく、一気に首相の座にまで上り詰めた。以後、一度トップに座ったら動かない。やはり漬物石だ。

将来的には、彼女はユーロ危機と難民危機の対応を行った首相として名を残すことになるだろうが、保育の改革、最低賃金の導入、同性婚の合法化など、保守的なCDUの首相にしては社会民主主義寄りの政治を行ったことも忘れてはならない。彼女はこうして保守派だけでなく、中道左派の票を奪うことにも成功したのだ。また、本人が「私はフェミニスト」とは言わなくても、彼女の政権下のドイツでは、各界に女性リーダーたちが多く誕生することになった。

慎重、堅実、目立たない、質素。メルケルを形容する言葉はどれも地味だが、それがメルケル流「女が成功する方法」であり、ドイツの女性たちはそれに学んだという声もある。フォルクスワーゲン社の唯一の女性取締役、ヒルトルド・ヴェルナーは、メルケルの指導者としての手腕は「インヴィジブル（目に見えない）」であることだと話している。事を起こす前には水面下の見えないところで入念にコンセンサスを築き、たとえ自分が考えた案であっても彼女の手柄だと思われないようにそれを伏せる。

女性は成功を誇ってはいけないのか、と思うとそれはそれで卑屈な気もするが、メルケルはボスザルのように権力をひけらかす男性政治家のマチズモをバカにし、「校庭の少年たち」と呼んでいるらしい。それは時折、プーチン大統領やトランプ大統領と一緒にいるときに彼女が見せるまなざしにも滲み出ている。

## 「私は東ドイツを知ってるんです！」

メルケル首相が米国のトランプ大統領を見るときの冷ややかな視線は報道陣に撮影された写真などでたびたび話題になってきた。この二人ほどすべてにおいて正反対の指導者もいないだろう。

あからさまにそれが表れたのは、2018年7月に行われた北大西洋条約機構（NATO）首脳会議に出席したときの二人の対立である。暴言大王トランプが、「ドイツは完全にロシアにコントロールされている」と発言したとき、その数時間後にNATO本部に着いたメルケルは猛然と反論した。

「私はドイツの一部がどのようにソビエト連邦に支配されていたか身をもって知っています。私はとても幸福です。私たちは今日、自由のもとに統一されてドイツ連邦共和国になったからです。そのおかげで、私たちは自分たちで政策を作ることができ、自分たちで決断を下すことができる。それはとても良いことです。とくに東ドイツの人々にとっては」

あなたのような、何の苦労もされたことのない米国の富裕層の方に、いったいロシアの何がおわかりになるというのでしょう。こちとら東ドイツ育ちでございますから、マジでソ連に支配されることの窮屈さ、恐ろしさは知っております。それなのにあなたが、そんなソーシャルメディアにしか落ちていないような戯言を仰るようなら、私は断固としてボコらせていただきますわよ、だらあ。という気迫が感じられる。

「ドイツはNATOのために多くのことをしています。2番目に大きな軍隊を提供していますし、私たちの軍隊の大部分をNATOにオファーしているのですから。今日まで、アフガニスタンの戦闘にも大きく貢献しています。そうすることにより、私たちは米国の国益も守っています」

言いたい放題なさっても、強国の大統領であらせられるからそれでよろしいと思っていらっしゃるのかもしれませんね。けれどもおたくの国だって他国の世話になってないとは言えないのですから、あまり尊大にされていると私だって黙ってはおりません。ところで、ＮＡＴＯのみなさん、貴様らもあんなネトウヨにへらへらすんなよ。ドイツは２番目に大きな軍隊の提供国だろうが。とメルケルは言っているのだ。

トランプは２０１７年にメルケルが渡米したとき、握手するのを拒んだこともあった。ホワイトハウスにメルケルが到着したときにはいちおう握手で彼女を迎えたが、その後、テレビの取材陣が集まった部屋で並んで椅子に腰かけると、カメラマンから握手してくださいとリクエストされた。「握手しましょうか」とメルケルはトランプに小声で囁くのだが、トランプは何ごともなかったように無視して両手を膝の間で合わせたまま取材陣のほうを向いていた。

とは言え、このようなことがおもしろおかしく報道されると外交的にまずいので、二人は仲が良いのだとアピールする必要性を感じたのか、在独米国大使がドイツの新聞に、トランプはメルケルをホワイトハウスで自分の寝室に案内した、と発言して騒ぎになったこともある。

「メルケルは、大統領の居間と寝室さえ見ました。それはとてもパーソナルでした。彼女にそんなことをした大統領は初めてです」

「パーソナル」の意味が何なのかはさておき、これがPR戦略ではなく真実だとしたら、いきなり私的スペースを見せられたメルケルも動揺したに違いない。

## 自分のことは自分でやりなさい

プーチン大統領は、メルケルが東ドイツにいた頃にKGB情報員として東ドイツのドレスデンにいた。ベルリンの壁が崩壊した1989年に、民主化を求める人々のデモがKGB支部に押し寄せていたのを覚えているとインタビューで話したこともある。

一方、米国のような民主主義社会に憧れる東ドイツの若い女性だったメルケルは、ベルリンの壁が崩壊した日、群衆と共に西ドイツに足を踏み入れ、ビールで祝杯をあげたそうだ。

このように歴史の一ページを全く逆の立場で経験した二人は、あまり互いのことが好きではないと言われている。

特に、2007年1月にソチ会談でプーチンがメルケルとの対談中に自分の愛犬を部屋の中に入れた一件はよく知られている。メルケルは、むかし犬に噛まれた経験があって、犬恐怖症なのだが、プーチンはそれを知っていて大型犬を部屋に入れるという嫌がらせをしたのだ（もちろん、本人はそんなつもりではなかったと後で発言している）。プーチンはこの前年に彼女が初めてモスクワのクレムリンを訪れたときにも、子犬をプレゼントするといういじめっ子のような真似をしている。

メルケルは東ドイツ時代にロシア語を習っていたので、プーチンとは通訳を介さずに話すことができる。だから何だかんだ言っても二人は実は仲が良く、彼はジョークでこうしたことをやっているという説もある。しかし、メルケルが犬を怖がって椅子から立ち上がったり、声を震わせたりすれば、それだけでプーチンが優位に立っているかのような印象を与えられるのは事実だ。

だが、こんなことでプーチンの強いイメージづくりに加担してなるものかとメルケルは平静を装い、意地でも顔色を変えなかった。漬物石がいちいち飛び上がっていたら政治という漬物は漬からないのである。

このように強い意志の人だからこそ、メルケルは英国のメイ首相のような摑みどころのないキャラクターには冷淡だ。というか、はっきり言って意地が悪い。

ブレグジットの条件に関するEUとの交渉がうまくいかずにメイ首相が自分に助けを求めてきたときのことを、メルケルはジョークにしてドイツの人々を笑わせていたのである。そのジョークはこういうものだ。

「あなたがたは何が欲しいのか」とメルケルがメイに尋ねたら、メイが「提案してください」と言ったという。それを受けてメルケルが、「でも、離脱するのはあなたたちですよ。私たちが提案する必要はありません。何が欲しいか言ってちょうだい」と答えたら、メイは「提案してください」と再び言った。こんな調子で二人の会話は「何が欲しいの?」「提案してください」の無限ループに陥ってしまった。この話を聞いたドイツのジャーナリストたちは腹を抱えて笑っていたという。ときにプラグマティックの度が過ぎるメイのキャラを実に的確に、意地悪く捉えたジョークである。

ＥＵ離脱に四苦八苦するメイ首相は、２０１８年11月にＥＵとの交渉でようやく合意に達した。が、その離脱案に対して与野党の議員たちから激しい反発を受けたため、12月に予定されていた離脱案の議会承認投票を突然に延期。そして「ＥＵ番長、助けて」と言わんばかりにベルリンのメルケルに会いに行った。そこでまた「何が欲しいの？」「提案してください」が反復されたのかどうかは不明だが、メルケルはメイとランチを共にした後で、「せっかくまとまった離脱案を再び見直すことはあり得ない」と側近たちに語ったと伝えられている。メイは、「私たちがまとめた離脱案では英議会が承認してくれないんです」、とぶっちゃけた姿勢で助けを求めたようだが、メルケルに冷たく離脱案の見直しを却下されたのだ。

あなた首相でしょ？　国内のことは自分でなんとかしなさい。というメルケルの野太い声が聞こえてきそうである。自己に厳しいメルケルは、他者にもめっぽう厳しい。

## 「漬物石独裁」はほんとうに終わるのか

メルケルは、（メイと同じように）プロテスタントの牧師の娘だ。その人間観もプロテスタント的な主体性の尊重に基づいたものであり、個人の強い主体性を信じている。そして、自由とそれに付随する責任、すなわち「自己責任の倫理観」が強い。そこにはプロテスタント的な「勤勉と倹約」を重んじる精神性も含まれている。

ドイツ語で「Schuld」（有罪）という言葉が「借金」も意味することはよく知られている。メルケルが国の債務をまるで国家の罪のように見なしているということは欧州では度々指摘されていることだ。が、もしも借金が罪なら、例えば企業のバランスシート（貸借対照表）なんてのは常に半分は罪まみれということになり、ビジネスなどはすべて悪魔の所業であって、その規模を大きくした国家運営などはもはやサタンの親玉のやることである。この矛盾を、メルケルは自分の中でどう正当化しているのか。いや、うまくできていないからゴリ押しの緊縮派になるのかもしれない。家庭の家計簿なら借金はないに越したことはない。しかし、企業や国家の運営は、家庭の財布を預かることとは違うのだ。

「国の借金を返そう」主義は小さな政府をつくる恰好の言い訳になるとよく言われる。「小さな政府」は、ふつう新自由主義という経済的な思想の一部だ。しかし、メルケルの場合、これが単に経済だけでなく、彼女の宗教観や生きざまに繋がっているので軽やかに脱却することができない。財政均衡は倹約と贖罪の宗教観に繋がってしまうし、小さな政府の考え方じたいが国に頼らず自分のことは自分でやれという「個人の強い主体性」と親和性が高い。それに加え「遅れてきた近代主義者」と呼ばれるメルケルが、東ドイツ時代に憧れた西側社会は、80年代のレーガンやサッチャーの新自由主義の風が吹き荒れた時代だったのだ。

だが、もうメルケルの時代は終わった。

2018年12月にメルケルの後任としてCDU（キリスト教民主同盟）の新党首に選ばれたのは「ミニ・メルケル」と呼ばれるアンネグレート・クランプ＝カレンバウアーだった。かわいがってきた女性の側近を党首に据え、メルケルが背後から党の舵取りを行うつもりとも噂されているが、新党首はメルケルよりも移民政策には厳しい考え方を持っている。

「私は率いるということについて教わりました。そして何よりも学んだのは、指導者というものは、外側で大きな声を出すのではなく、内側で強くなければならないということです」

クランプ＝カレンバウアーはこう発言している。

かわいがってくれた親分の前でこういうことをずばりと言うのがドイツ政治のごっつさだが、格差と極右ポピュリズム台頭の時代にドイツが必要とする指導者はメルケルのような人物ではなく、ドイツ・ファーストで国内政治を行うリーダーなのです、と言っているように聞こえる。

もちろんこれにしても、メルケルが秘蔵っ子に言わせた可能性は十分にある。内政はちょっと内向きになった「ミニ・メルケル」にやらせて、自分はEUに専念し、相変わらず「外側で大きな声を出す」ことを続けるつもりかもしれないからだ。それがレームダックになった彼女の将来的な目論見だとすれば、本人は「漬物石独裁」をやめるどころか、支配するシマの規模を国際的に拡大するつもりなのかもしれない。

# 「ナショナリズム」アレルギーのとばっちりを受けて

## スコットランドのスタージョン首相

2019年3月号

ニコラ・スタージョン

### スタージョン人気から時は過ぎ……

英国の多くの人々が口を揃えてこう言った時期があった。

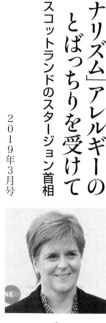

「どうしてイングランドにはニコラ・スタージョンがいないのだろう」

ニコラ・スタージョンとは、2014年からスコットランド自治政府首相を務め、スコットランド独立運動の旗手SNP（スコットランド国民党）の党首でもある女性政治家だ。

スタージョンは、2014年に行われたスコットランド独立をめぐる住民投票で独立派が負けた後、現職に就いた。そして翌年の2015年に行われた英国総選挙で国民的スターになる。

実際、この年の総選挙で彼女が率いるSNPは6議席からいきなり56議席にまで増やし、イングランド、ウェールズ、北アイルランドを含む英国全土でも第三党に躍り出るというものすごい躍進を遂げた。総選挙前の党首テレビ討論後の民間の世論調査では彼女が人気第1位になり、「スタージョン・マニア」という言葉も生まれた。

技師の父親と歯科助手の母親との間に生まれたスタージョンは、典型的なスコットランドの労働者階級の家庭で育った。家族には大学に行った人間などいなかったという。少女時代、サッチャー政権の新自由主義に基づく構造改革で、スコットランドの産業が解体され、街に失業者が溢れているのを見て、社会を変えたいと思った。そして16歳でスコットランド独立を目指すSNPに入党。大学に進学して法を学び、弁護士のキャリアを選びその後政界へ、という道を辿った。

ワーキングクラス・ヒーローならぬ、ワーキングクラス・ヒロイン的ムードを持つスタージョンは、スコットランド訛りの英語でダイレクトに言いたいことを言い、正面から論敵にぶつかっていく火の玉ファイターのような政治家だ。

「SNPが揺さぶりをかけることで、エスタブリッシュメントたちが全国各地の庶民のことを考えて政治を行うようになればと願っています。私は『英国で最も危険な女』ではありません。ただ、活を入れてやりたいと思っているだけです」

と啖呵を切ってみせたのは数年前の話だ。あの頃は、スコットランドから彼女が英国を支配する時代が来るのではないかと言われたほどだった。

しかし、2016年6月に英国で行われたEU離脱の国民投票で離脱派が勝利すると、一気に流れが変わった。主権回復だのなんだのいう内向きな空気が英国に広がったのは、もとはといえばスコットランド独立投票であり、スタージョンとSNPのせいだとイングランドの左派から言われるようになったからだ。

## ナショナリズム忌避の空気に絡めとられて

スタージョンは、以前から、自分の政治理念を「民族的ナショナリズム」ではなく、「市民的ナショナリズム」だと言ってきた。民族性や人種とは全く関係なく、どこの国の出身だろうと、人種が何であろうと、スコットランドに住んでいる人々みんなで力を合わせ、反緊縮で環境にやさしい独立国家を築きたいというのが彼女の主張だった。

スコットランドでは、EU離脱投票では残留票が多かった。そのため、スタージョンは、スコットランドはやはり英国から独立してEUに残留するしかないと発言し、「英国が取ろうとしている進路に飽き飽きしている人々は、スコットランドにいらっしゃい」とイングランドの人々にも呼びかけた。

が、初のムスリムのロンドン市長、サディク・カーンから、「スコティッシュかイングリッシュかを基準に人々を分裂させようとすることは、出自や人種や宗教で人々を分断させることと同じ」と批判される。カーン市長は、スコットランドを独立させて英国を分裂させるような彼女のやり方は、敵を作ることで統治するトランプ大統領や極右のやり方とそう違わない、とまで言った。

EU離脱投票で離脱派が勝利してから、英国の残留派リベラルの間では「国家」という言葉は憎むべき敵になった。だから、スコットランドの独立を訴え続けてきたスタージョンが、国家にこだわる悪役に見え、叩くべき政治家に見えてきたのだ（しかし、現在、英国の中でスタージョンほどぶれずにEU残留を訴えている大物の政治リーダーはいないことを考えると、これがまた皮肉な話だ)。

さらに、スコットランド保守党の女性党首、ルース・デイヴィッドソンに「リベラル」のお株を奪われたこともスタージョン人気が萎んできた原因の一つになっている。2017年の英国総選挙では、歴史的にスコットランドは保守党が非常に弱い地域であるにもかかわらず、デイヴィッドソン率いるスコットランド保守党が12議席も票を伸ばし、SNPは21議席も失っている。

このデイヴィッドソンがまた保守党にあっては変わり種で、レズビアンで女性のパートナーと暮らしており、2018年4月にIVF(体外受精)による妊娠を発表、10月には男児を出産している。彼女は、保守党は移民にもっと寛容にならねばならないと自らの党の議員たちに強く警告し、EU離脱でも最も熱心な残留派の一人としてキャンペーンを行った。そしてもちろんスコットランド独立にも反対の立場だ。昨今の英国の「リベラルはこうあらねばならぬ」のチェックリストでは、すべて満たして「合格!」になる政治家なので、(保守党ということさえ除けば)左派やリベラルを名乗る人々にとっては安心して支持できるのである。

また、ざっくばらんで気取らない性格が保守党議員らしくないと有権者たちにウケていて、現在、スコットランド議会ではスコットランド保守党が野党第一党になっている。まさかの「やたらプログレッシヴな保守党女性議員」の登場で、スタージョンの影はすっかり薄い。

## #MeToo運動にも乗ったのに

スタージョンも、多様性や社会包摂の問題には力を入れてきた政治家だ。例えばネットでヘイト発言を繰り返す党員たちを党内で厳しく処分すると発表したり、英国の右翼政党ＵＫＩＰのファラージ元党首の排外主義的発言をテレビの党首討論でシャープにやり込めたりしたこともあった。古臭いナショナリストと思われがちなＳＮＰのイメージアップのためにも、こうしたスタンスを打ち出すことは大事だったのだ。

また、２０１５年にニュー・ステイツマン誌が、彼女やドイツのメルケル首相、英国のメイ首相（当時は内務大臣）などの風刺画を表紙に使い、「マザーフッドの罠：なぜ成功している女性は子どもがいないのか？」という特集を組んだときには、「うわ……」。朝起きたら1965年に戻っていた」とツイートして話題になった。

掲載誌ニュー・ステイツマンは、実はガーディアン紙以上に急進左派的と言われる雑誌で、問題の記事の執筆者は女性だった。この記事は、女性が子どもを産むとキャリアにブランクができる現実はいまだにあるのだから、成功している女性に子どもがいないことを「わがまま」と言うような風潮はやめるべき、という内容だった。一見、働く女性を応援する記事にも読めるが、女性は子どもを持つことを諦めないと成功できないと言っているようにも読め、スタージョンはこれを「良い分析だけど、ひどい表紙と同じような偏見が語られていますね」とバッサリ斬り捨てた。

スタージョンは、2017年秋に#MeToo運動が広がったときにもいち早く反応し、同年12月には、職場でのセクハラの訴えがあった場合にスコットランド自治政府はどのような手順で対応しているのか内部調査を行うよう命じた。すると、スタージョンの前任である、サモンド前スコットランド首相に対するセクハラの訴えが2件あったことがわかった。これは2013年に彼がまだ首相だった頃、政府職員の女性と二人きりになって胸やお尻を服の上から触ったという訴えだった。サモンド前首相は、実はスタージョンを手塩にかけて育てた彼女の政界の師でもある。

彼に対するスコットランド自治政府の調査が行われたが、そのセクハラ疑惑の取り扱いが公正なものではなかったとしてサモンド前首相が法的手段に打って出た。そして、最終的にはスコットランド自治政府が調査手順に落ち度があったと認めることになり、この件でサモンド前首相とスタージョン首相が激しく対立してしまう。兄と妹のような強い絆で結ばれていた二人が中傷合戦を行う事態になった。英国政府はブレグジットで大揉めだが、その一方でスコットランド政界では、新旧首相による熱い泥仕合いが展開されていたのである。が、このバトルは党のためにマイナスだという判断からサモンド前首相が終戦を宣言。しかし、2019年1月に彼はレイプ未遂など数多くの深刻な容疑で逮捕・訴追されており、SNPとスタージョンに大きな打撃を与えている。

## ブレグジット論争でも発揮できない力

環境や人権や多様性を重んじるプログレッシヴな政治とナショナリズムは両立可能だ

と主張して一世を風靡したのがスタージョンだった。

だが、ブレグジットをめぐる論争の影響で「ナショナリスト」と嫌われるようになり、彼女の支持層だった左派やリベラルの心が離れて行った。また、前首相の懐刀として信頼され、その後任を任せられた女性政治家だったのに、ほかならぬそのおっさん前首相のセクハラ騒動に巻き込まれてさらに人気を落とすことになった。もはやスタージョンの行く道は少し前のようなきらきらした光には満ちていない。

しかし、同時に思うことがある。英国全土のEU残留派を一つにまとめ、離脱派すら説得する胆力と舌力のある政治家がもしも存在したとすれば、それは人気絶頂の頃のスタージョンしかいなかったのではないか。彼女は英国議会に席を持っていないのでパワーバランスの忖度をする必要がないし、労働党党首のコービンのように党内の離脱派を意識しながら行動する必要もない。SNPは党としてEU残留で一致しているから、党首であるスタージョンもガンガン残留を主張してオッケー。コービンみたいに両派の反応を気にしながら煮え切らない態度を取る必要もなかった。

本来ならEU残留派のリーダーとして英国全土を率いていけた人だろうに、その力が発揮されずに終わってしまうとすれば皮肉なことだ。その理由が「ナショナリスト」のミソがついたからだとすれば、ナショナリズムと一口に言っても、いいやつと悪いやつがあるのでは、みたいな議論が巻き起こった頃の英国はまだ平和であった。というか、みんなもっと大人だったのではないか。とにかくナショナリズムと名の付くものはすべて邪悪、それらはすべてレイシズムとイコールなんだから頭から否定・排除せよ、という潔癖水際対策主義が広がった現在とあの頃とでは、よりオープンで進歩的な議論がなされていたのはどちらなんだろうと考え込んでしまう。

いずれにせよ、こうした時代の風はスタージョンにはやさしくない。

# アレクサンドリア・オカシオ＝コルテス

## どえらい女性議員がやってきたヤア！ヤア！ヤア！

2019年4月号

アレクサンドリア・オカシオ＝コルテス

### AOCの「腐敗ゲーム」

英国のオーウェン・ジョーンズ著『エスタブリッシュメント』の解説を書いた。この本は、エスタブリッシュメントと呼ばれるほんの一握りの人々が、いかに政治、経済、司法、警察、メディアのすべてを牛耳り、自分たちの利益を守るために巧妙にそれらを用いているかということを暴いた。が、最近、この分厚い本の内容を、わずか5分でスピーチしているような、鮮やかな政治家の映像を見た。

「AOC（アレクサンドリア・オカシオ＝コルテスの略）が凄いから見ろ」とYouTube

のリンクをメールしてきたのは社会運動に関わっている英国人の友人だった。

だいたいAOCという呼び名は政治家というより女性ラッパーみたいだ。なんじゃそりゃ、と興味を持ち、リンクを開いてみたら、弱冠29歳のAOCがショッキングピンクのジャケットを着て座っていた。めっちゃ派手である。色褪せた地味な議会の風景に、ポップスターが舞い降りたかのようだ。それは米下院で行われた政治資金監査団体の幹部たちとの質疑応答のワンシーンだった。AOCは、ずらりと並んだ幹部たちを前に一大スピーチ・パフォーマンスを繰り広げていた。

「私は『バッド・ガイ』になります」

のっけからAOCはそう宣言した。

「私は、できるだけ悪いことをして咎められずに逃げたいと思っています。自分の富を追求し、利益を拡大したいんです。たとえそれが米国の人々より自分の利益を優先することだとしても」

と自らのキャラ設定をしたAOCは、政治資金監査団体幹部たちに、

「あなたたちは私の共謀者です。私が悪いことをして合法的に逃げ切る手伝いをしてく

ださい」

　と頼む。

「もしも私が選挙資金のすべてを企業の政治活動委員会から出してもらいたいと思ったら、それを妨げる法律は何かありますか？」

　そうＡＯＣが質問すると、幹部の一人が答える。

「ノー。ありません」

「ということは、化学燃料会社や保険会社や大手製薬会社などの大企業から私が１００％選挙資金を出してもらうことを阻止する法律はないということですね」

　とＡＯＣはダメ押しする。そして強い意志を感じさせる瞳をきらきらさせながら、周囲をおちょくっているようにも、大真面目で言っているようにもとれる口調でこう続ける。

「例えば、私には世間に知られたらまずいことがあるとします。選挙で当選するためにはそれを隠さなければいけません。だから、私は自らのダークな選挙資金を使って、黙らせておかねばならない人にお金を渡して選挙に勝つことにします。さて、私は当選しました。いま、私には法案を提出し、法案通過のために働きかけ、米国の法律を作る力があります。素晴らしいことです！　さて、私が関与できる規制法は制限されていますか？　私の選挙運動資金を援助した団体はそれぞれの業界に利害関係を持っていますが、私はどんな業界の規制法の策定にも関わることができるんでしょうか？　私がどんな規制法の法案を提出し、法案通過のために働きかけることができるかということに、法的な制限はありますか？」

するど幹部の一人は短く答える。

「全く制限されていません」

「ということは、私が石油会社やガス会社や大手製薬企業にもらった選挙資金で議員になったとしても、例えば、製薬がらみの規制法でも合法的につくれるということですね」

「はい、そういうことです」

ＡＯＣは米国の議員と大企業とのダークな繋がりを鮮やかに示していく。政界の「バッド・ガイ」は特定の業界の規制法をつくって株価を操作し大儲けできることや、米国大統領には国会議員に対する倫理規定がまったく適用されないことなどを次々に暴露していくのだ。この映像はAOCの「腐敗ゲーム」と呼ばれ、CNNがYouTubeにアップした3日後には約100万人が視聴していた。

この映像の凄みは、そのわかりやすさだ。これなら小学生でもわかるだろう。さらに、トランプ大統領が他者を批判するときに頻繁に使う「バッド・ガイ」という言葉（彼にかかれば、オバマ前大統領もCIA元長官も「バッド・ガイ（悪いやつ）」だった）を逆手に取り、トランプの名を一度も出さずに最高権力者ほど倫理的行動が求められない政界の不条理をユーモラスに示した点。そうとうなブレーンがついているに違いないが、議会でのスピーチがもはや「喋り」の域を超えて、一つの「表現」として成立しているところが面白い。

いまや米国のみならず世界中の左派のミューズになったAOCとは、こういうことをやってのける鮮烈なパフォーマーなのだ。

## オルタナ右翼も絶賛する極左議員

このようなパフォーマンス（あえてスピーチとは呼びたくない）を見ていると、若き日の英国のトニー・ブレア元首相をちょっと思い出す。ブレア元首相とAOCとでは、政治理念的にはまったく違うが、ショービズ的なスター性を兼ね備えている点では似ている。実際、ブレア元首相は政治家よりもロックスターになりたかった人だし、AOCも学生時代のキレキレのダンス映像が発覚して話題になったことがあった。

「もはや右対左ではない下対上の時代だ」というのは2016年刊行の拙著『ヨーロッパ・コーリング』の帯文だったが、世界が本当に上と下の構図になっているとすれば、AOCは、話がちょっとでき過ぎなんじゃないかと思うぐらい下側をレペゼンする人物として登場した。

ニューヨークのブロンクス出身の父親と、プエルトリコ出身の母親の間に生まれた労働者階級のヒスパニック系女性。ボストン大学在学中に父が死去し、清掃作業員とスクールバスの運転手をして生計を立てていた母親を助けるため、2017年までニューヨークのレストランでバーテンダーやウエイトレスとして働いていた。地べたの苦労人である。

２０１６年の米大統領選挙でバーニー・サンダースの陣営に参加し、オーガナイザー（選挙スタッフのまとめ役）として働いた。

政治家のエリート化、エリート層の労働者階級との意識の乖離が叫ばれる中で、彼女は庶民の代表たらんことを宣言し、２０１８年11月の中間選挙で史上最年少の女性下院議員として当選を果たし、世界中の注目を集めることになった。下り坂の世代と言われるミレニアル世代、ヒスパニック系、労働者階級出身、女性。すべての分野でマイノリティを代表するようなＡＯＣは、サンダース派であることからもわかるように、米国では「極左」と呼ばれる民主社会主義の信奉者だ。

が、政治理念のベクトルでいえば反対側にいるはずのスティーブ・バノン（トランプ政権発足後に首席戦略官兼上級顧問を務めたオルタナ右翼界の超大物）が、なぜかＡＯＣを絶賛している。

「ＡＯＣは僕が呼ぶところの『胆力』、または負けん気を持っている。気概と決断力とファイティング・スピリットが合わさったものだ。それは教えることができるものではない。持っている者は持っているし、持っていない者は持っていない。彼女にはそれがものすごくある」

バノンはポリティコ誌のインタビューでそう語っており、政治家としてのAOCの資質を手放しで賞賛しているのだ。

モデルのようにフォトジェニックな容姿のAOCは、いまどきの若者らしくインスタグラムを最大限に活用し、雑誌のグラビアのような写真を定期的に投稿し、政治をファッショナブルなものに変えようとしている。これもまた、ダサいおっさん政治を体現するようなトランプへのカウンターとも言える。が、実は彼女とトランプはそれほどかけ離れた存在ではないのではないかという指摘もある。

もちろん、左右の思想の違いはあるが、政策を練る手腕や政治経験ではなく、レトリックとパーソナリティーで人気を勝ち取ってきた点、反エスタブリッシュメントとして支持されている点など、トランプ大統領とAOCはそっくりだという識者たちもいるのだ。彼女がやっていることはいわゆる、左からのポピュリズムであり、AOCを「進歩的なトランプ」と呼んだジャーナリストもいる。

## MMTの広告塔

このように「政策よりもパーソナリティー」で人気を得たと言われがちな彼女だが、実は経済政策オタクからも注目を集めている。というのも、彼女はMMT（モダン・マネタリー・セオリー：現代貨幣理論）という、近年、欧米の進歩的な人々の間で話題になっている経済理論を広めようと努力しているからだ。このMMTは、「国の借金を減らさなければ一国の経済は破綻する」という、これまで主流だった財政均衡主義を根本から覆すような、「財政赤字は問題ではない」という考え方だ。

バーニー・サンダースの経済アドバイザーだった経済学者ステファニー・ケルトンがMMTの主唱者であり、AOCもこの理論に大きな影響を受けている。自国通貨と中央銀行を持ち、変動為替制度を採用し、大きな対外債務がない国家は、財政予算の制限に縛られる必要はないという考え方だ。だから、なんとなれば中央銀行が貨幣を発行して国債を買い、それを財源にして格差是正のための財政支出を行っていけばいいじゃないかとAOCは主張する。貨幣を発行しすぎてインフレが起これば、増税という手段で貨幣を集めて調整できるというのだ。

ＡＯＣは、政府は財政を均衡させる必要はなく、財政黒字はかえって経済を悪化させるというＭＭＴの理論を「もっと積極的に議論の俎上にのせるべき」と堂々とプロパガンダしている。

欧州でもＭＭＴは新左派と呼ばれる人々に注目され、スペインの政党ポデモス、英国労働党、ＤｉＥＭ25（Ｐ．119参照）のヤニス・ヴァルファキスらは早くからこの理論の存在を知っていた。

過去数十年間、欧米の政府は教育、福祉、医療、インフラなどへの長期的投資をしなくなり、結果としてそのことが国の経済を停滞させ、格差を広げた。いまこそ「負債が増えると国が財政破綻する」を言い訳にしたドケチ政治をやめ、人々の未来のために長期的な投資プログラムを始めなければ、未来の世代に借金を残さないどころか、未来の世代じたいがいなくなるぞ、というのが欧米で勢力を伸ばしている左派の主張だ。

トップ１％のリッチな人々に70％の税率を課すことにしましょう、と発言して富裕層を震え上がらせたＡＯＣだが、実は彼女の登場で、トンデモと見なされてきたＭＭＴを米国のテレビや新聞が本気で取り上げるようになってきたことのほうが、よほど大きな変化だ。

これは世界の人々に、財政に対する旧来型の認識の一新を迫る理論であり、ＡＯＣはその最大の広告塔になっている。ＡＯＣ＆ＭＭＴ。これまたラップ・デュオの名前みたいだが、このコンビネーションがにわかにホットな政治ワードになりつつある。

# 極右を率いる女たち

## 新たなマリーヌ・ル・ペンが続々と現れている理由

2019年5月号

マリーヌ・ル・ペン

### ヨーロッパ大陸で女性が右傾化？

右翼ポピュリズムと言えば、まず喩えに出されるのはドナルド・トランプの名だし、マッチョな男性中心主義のイメージがある。が、どうもここ数年のヨーロッパは違う。右翼ポピュリスト勢力のリーダーにやたらと女性が増えているのだ。フランスの国民連合（旧国民戦線）の党首、マリーヌ・ル・ペンが世界的に最も有名だが、ほかにもドイツのAfD（ドイツのための選択肢）のアリス・ワイデル院内総務、イタリアのFdI（イタリアの同胞）のジョルジャ・メローニ党首、ノルウェーの右翼リバタリアン政党である進歩党の党首で財務大臣を務めたシーヴ・イェンセンなど、右派勢力が女性をトップに据えて支持を伸ばしている。

「怒れる白人男性が怒れる白人男性を率いる」みたいな古いイメージでは極右を語れない時代になってきているのだ。フランスやドイツ、イタリアなどの国々で、「怒れる白人女性たち」も極右の支持基盤になってきているという。

こうした女性たちはストリートでも声をあげている。2018年のドイツのケムニッツで極右デモが行われたとき、「西洋のイスラム化に反対する欧州愛国主義者（PEGIDA）」には女性たちが多く含まれていたことが話題になったし、同様にイタリアで行われたFdIの集会でも女性たちの姿が目についた。

また、フランスでは、黄色いベスト運動に多くの女性たちが参加しており、その中にはル・ペンの支持者たちもいる。反エリートのポピュリズム運動という点で、黄色いベスト運動の主張は、ル・ペンの支持者たちが求めていることと重なる部分があるのだ。

フリードリヒ・エーベルト財団（FES）の報告書では、ドイツ、フランス、ギリシャ、ポーランド、スウェーデン、ハンガリーで右翼ポピュリスト政党への女性の支持が増大していることが明らかになっている。なぜに女性たちが極右勢力に惹かれてしまっているのだろうか。

## 黄色いベスト運動とル・ペン

労働者階級の男性たちが「取り残された」気分を抱いているというのはここ数年話題になってきた。が、同様の気分は労働者階級の女性も味わってきた。

男女の賃金格差を考えても、最低賃金の仕事で生活苦に直面している人の割合は、男性よりも女性のほうが多い。女性からル・ペンが支持される原因の一つが福祉制度の拡充を強く打ち出していることだと言われている。彼女は、児童手当の増額や、育児関連の補助の拡大を約束している。これは、新自由主義的な緊縮志向から抜け出せず、大規模な財政支出を約束できないマクロン大統領には期待できないことだった。

ル・ペンは、反マクロン運動とも言える黄色いベスト運動の勢いをフルに利用しようとしており、シングルマザーや子を持つ低所得の女性たちなどの支持を拡大している。

彼女の父親は「ヒトラーの再来」「悪魔」と呼ばれた国民戦線の創始者、ジャン＝マリー・ル・ペンだ。そのおかげで、彼女も8歳の頃に自宅を爆弾テロで吹っ飛ばされて九死に一生を得たり、学校でも「悪魔の娘」と仲間はずれにされ、いじめられ続けたが、左派の教員たちは彼女を守ろうとしなかったという。そんな体験を持つ彼女だからこそ、左派の欺瞞の撃ちどころをよく知っている。自由と平等を訴える左派が、緊縮に与して貧困と格差を放置していることはル・ペンには大きな欺瞞に見える。彼女は、いまこそ右派が弱者を取り込めると確信しているに違いない。

「権力を握っているエリートは、リアルな庶民の暮らしを知らない。彼らは完全に切り離されています。低賃金では生活できないし、月末には毎月赤字。生活のために借金しています。3人の子どもたちを学校などに送っていくためのガソリンもまともに買えない。私たちはル・ペンにまだ国を任せたことがありません。だから、彼女にチャンスを与えてもいいと思う」

黄色いベスト運動に参加した30代半ばのスーパーのレジ係として働いている女性が、英紙ガーディアンの取材にこう答えている。

## イスラモフォビアと女性の右傾化

とはいえ、貧しい労働者階級の女性たちだけが極右支持に回っているわけではない。それよりも決定的な要因がある。それは、移民に対する嫌悪だ。そもそも女性は社会の中でマイノリティと見なされてきたので、これまで女性の運動は、反レイシズム運動と手を携えて闘ってきたのに、アイデンティティ・ポリティクス（P．151参照）の最前線だったはずのヨーロッパでなぜこの構図が壊れてしまったのだろう。

その一つの要因は、「ムスリム移民のミソジニー的文化が欧州の女性の自由と権利を台無しにする」というナラティヴを極右が広げているからだ。

私もこれは2年ほど前に体験したことがある。左翼的なソーシャルワーカーだと聞かされていたオランダの女性を紹介されたのだが、彼女がいきなり、

「ムスリムが増えるとヨーロッパのフェミニズムは後退する」

と言ったのである。髪型もファッションも、かなりリベラルな感じの人だったが、ソーシャルワーカーとして訪問するムスリム家庭の人たちから「娼婦のような恰好をしている」とか「あんな派手な女性には育児などわからない」とかクレームをつけられてム

カついていると言っていた。このようなことを実生活で経験して戸惑っている女性たちを、極右勢力はターゲットにしているのではないだろうか。

ドイツでは、２０１５年の大晦日にケルン中央駅周辺で年越しの祝賀に紛れて女性たちへの集団暴行事件が起き、被害件数は５００以上に上った。その約４割は性的暴行事件で、容疑者の大半は北アフリカからの難民認定希望者や不法移民だったと報道されたため、メルケル首相の難民受け入れ政策に批判が集まった。これはドイツの人々の移民に対する心情が変わるきっかけになった事件とも言われている。政府に対する批判を避けるためかケルンの警察は事件に対する情報を伏せていたが、いち早く立ち上がって抗議活動を起こしたのは地元の女性たちだった。それに極右勢力が乗って大規模なデモに発展したのである。

ＡｆＤが支持を伸ばした背景にはこの事件があったのは明らかで、「ドイツで女性の権利のために本気で闘っているのは我々だけだと思います。なぜなら、我々は女性が何世紀もかけて闘ってきた権利と自由を失うかもしれない危機にあることを指摘しているからです」とＡｆＤの女性議員が英ガーディアン紙に語っている。さらに彼女は、Ａｆ

Dはドイツで暮らしているムスリム女性のことも懸念しているのだと主張し、「夏休みになったら両親の出身国の会ったこともない男性たちに嫁がされることを知らされる」ムスリムの女性たちも、その多くは教育を受けてドイツ社会に居場所を見つけたいと思っているのだと言う。

ル・ペンも「フェミニズム」という言葉は使わないが、都合のいいところで「女性の権利」を連発する。女性議員の割合などについては言及しないが、移民問題となると「すべての女性がショートパンツやミニスカートをはく権利は守られるべき」みたいなことを言い、移民の大量な受け入れは危険だという主張に繋げていく。

## フェミニストが陥ってしまった穴

ドイツAfDのワイデル院内総務はレズビアンだ。同性のパートナーと2人の子どもを育てていることを公にしている。伝統的な家族の価値観をアピールしている極右政党の「顔」が同性愛者のワイデルというのも従来の左右の概念では「え？」と思うような事実だろう。ゴールドマン・サックスや中国の銀行で働いたこともあるワイデルは、グローバリズムの申し子のようなキャリアを持ち、国粋主義の右翼には一番嫌われそうな「グローバルに活躍するエリート」感のある人物だ。しかし、彼女は2017年9月の総選挙でAfDを第三政党に大躍進させた立役者だ。

これも彼女の強硬な反移民の姿勢、とくにイスラモフォビアを煽る発言によるところが大きい。ドイツ国内でイスラムの尖塔を禁止、ムスリム女性の公務中のヘッドスカーフ着用禁止などを彼女は声高に呼びかけている。

その他のEU諸国でも似たような現象が起きている。「ノルウェーの密かなイスラム化」に警鐘を鳴らすノルウェーのイェンセン財務大臣も右翼政党の党首だが、2018年、「ゲイ・ベスト・フレンド」賞を貰っている。このように同性愛者たちが「イスラム教は危険」と叫ぶ極右を支持する理由が、イスラム教の同性愛に対する否定的スタンスと無関係であるわけがない。

2018年、イタリアの下院議員に3選を果たしたFdIのジョルジャ・メローニ党首も、とても極右の指導者には見えないエレガントな外見の女性だ。彼女も「イタリア人ファースト」を訴え、やはり排外主義を煽る言動で頭角を現した女性リーダーだ。

「彼女は女性からより多くの支持を集めています。女性のために闘っているのは彼女だけのように見えるからです」とガーディアン紙に支持者の一人が証言している。

ケルン中央駅での集団暴行事件が起きたときのメルケル政権の対応の遅れが端的に示したように、これまでの欧州のリベラル陣営は、移民政策への批判が噴き上がるような事象について沈黙する癖があった。それは混乱を懸念するからであり、移民へのバッシングを防ぐためだったとしても、結局は強い政治イデオロギーを持たない一般の人々の不安や不満を倍増させる結果になった。「国内にも一部に犯罪者がいるように、移民の一部に犯罪者がいたところで不思議ではない。犯罪をおかした人の人種が何であろうと宗教が何であろうと、悪いことをする人は悪い」という毅然とした態度を取らなかったために、極右に付け入る隙を与えたのである。

同じように、イスラム教国の常識と西洋社会の常識には合致しない点もいくつかあること、それが女性や同性愛の問題にはとくに色濃く現れることがあるという事実から左派は逃げてはいけない。その差異を地べたの日常で体験している人々に、「そんなことを言ってはいけません」と叱りつけて黙らせるのでも、へっぴり腰でモニョるのでもなく、真正面から「そうですね」と受け止めてそこから冷静に議論を始めることができる中道や左派の政治勢力が出てこないと、極右の女性リーダーたちは、女性や同性愛者たちが潜在的に抱いている不安や不満を餌にしてさらに勢力を拡大するだろう。

もはやフェミニズムや同性愛者の運動も「意識の高い」リベラルな男女たちの「いつものやり方」では解決できない、きわめて複雑な段階に入っている。それは本当に社会の多様性が裾野のほうまで広がってきたからであり、机の上で考える問題としてではなく、職場や学校や地域社会で誰もがそれを日々体験するようになったからだ。欧州における極右の女性リーダーたちの台頭は、そのことを何よりも明確に示している。

# 「インスタ映え政治」の申し子
## ニュージーランドのアーダーン首相

２０１９年６月号

ジャシンダ・アーダーン

### おっさん政治を脅かす若き女性リーダー

２０１９年３月15日にニュージーランドのモスクで発生した銃乱射テロ事件で、50人のイスラム教徒が犠牲になった。同国のジャシンダ・アーダーン首相は、容疑者の名前を口にしないと宣言した。また、容疑者がネットに投稿していた犯行のライブ動画、人種差別的な「マニフェスト」の所有、配布を禁止して、発生からわずか６日後には軍で使われている半自動銃などの販売の全面的禁止を発表、１カ月以内に新たな銃規制法案を可決させるなど、強いリーダーシップを発揮して賞賛を集めた。

そのおかげで、アーダーン首相は就任後もっとも高い支持率を叩き出している。ロイターによれば、同年4月15日発表の世論調査では、彼女の支持率は2月から7ポイントアップで51%。ライバル的存在の野党・国民党のブリッジズ党首の支持率は5%だというのだから、これはもう「一党独裁」ならぬ「一首相独裁」と言ってもいい。

「強いリーダー」と言えば、これまでは米国のトランプ大統領とか、ロシアのプーチン大統領とか、マッチョでおっさんくさい指導者を表現する言葉だった。あるいはまた、1980年代の英国のサッチャー首相とか、ドイツのメルケル首相とか、煮ても焼いても食えない感じの百戦錬磨のやり手女性指導者たちが思い浮かぶ。

しかし、日本語で「アーダーン」と検索したらあがってくる関連キーワードが「アーダーン　かわいい」であることからもわかるように、ニュージーランドの30代の首相は、ひとむかし前なら花形アナウンサーとして首相にインタビューをしていたようなルックスの女性である。

そのような若い女性が、「バッド・ガイを倒す」だの「うちの国が一番」だのマチズモぷんぷんのハッタリをかますのではなく、楚々とした風貌で断固とした決断を下し、するすると物事を成し遂げていく。これは確かに新しい政治家の時代の到来を感じさせる。

米国で熱狂的ファン層を獲得しているAOCことアレクサンドリア・オカシオ＝コルテスにしてもそうだが、以前なら政界で頂点に登りつめるには不利だった「若い女性であること」が、どうやらいまは逆に有利に働くようだ。例えば、いま「アメリカン・プレジデント」のリメイク映画がつくられるとすれば、理想的なリベラルの大統領役にキャスティングされるのは、もはやマイケル・ダグラスのような男優ではないだろう。そんな配役をしたら、いまどきの若者たちは「なんでおっさんがこんな進歩的な役をやるの」と首をひねるはずだ。

## リベラル金太郎飴

アーダーン首相は1980年にニュージーランドのハミルトンで生まれた。父は警察官で、母は学校給食のスタッフとして働いていた。一家はモルモン教を信仰していた（20代のときに彼女は信仰から離れた）。ニュージーランド労働党の党員として熱心に活動していた叔母の影響を受けて彼女も17歳で入党。ニュージーランド労働党の若い党員たちのグループの中核的存在となった。

大学卒業後はインターンとしてヘレン・クラーク（第37代ニュージーランド首相）などの大物政治家のもとで働き、その後、ニューヨークへ渡り、スープキッチンでボランティア活動をしていたときにブレア政権末期の英国内閣府が政策アドバイザー・チームの一員を探しているのを知って応募。国際電話で面接を受けたが、まさか受かるはずはないと思っていた。ブレアの政策には疑問を感じていたので、受かったら困るという気持ちもあったが、運命のいたずらか合格の報せが来た。そのときの気持ちを、彼女はこう語っている。

「ひどいショックを受けました。リアルにジレンマを感じました。それはまさに、ブレアに関するものだったのです」

英国のイラク戦争参戦の根拠となったイラクの大量破壊兵器の存在は偽りだったことがわかり、ブレア元首相は国民に嘘をついて戦争を始めたと批判されていた頃のことである。平和主義者のアーダーンがそれでもブレアのもとで働くことに決めたのは、本人によるとこういう理由だったらしい。

「私は完全に割り切ることにしました。海外に住みたかったし、海外で時間を過ごし、経験を積みたかった。大好きなボランティアの仕事をしていましたけど、生活していかなければならなかったから、仕事のオファーを受けました」

どこを切っても百点満点のリベラル金太郎飴のような印象の彼女だが、意外と理念ガチガチでもないプラグマティックな一面も持っている。

その後、2008年には国際社会主義青年同盟の委員長に就任し、ヨルダン、イスラエル、中国など世界中を訪れた。同年、ニュージーランド総選挙に出馬し初当選。2011年、2014年の総選挙で連続当選を果たして、2017年8月にはニュージーランド労働党の党首になり、同年10月に首相に就任した。閣僚経験もない、ニュージーランドでは最年少の首相が誕生したと大きな話題を呼ぶ。

2018年には、パートナーでTVプレゼンターのクラーク・ゲイフォードとの間に女児が誕生し、6週間の産休を取った。世界で初めて産休を取った首相として大々的に報道され、「左派の希望の光」と騒がれる。彼女はフェミニストとしての自分の立場を強く打ち出している。

## 物議をかもしたヒジャブ

そんな彼女の名を何より世界に広めたのは、モスクでのテロ事件の後、黒いヒジャブのようなスカーフで頭を覆って公の場に登場したときの写真だった。

事件の翌日、彼女はムスリムの女性たちのようにスカーフを頭に被ってニュージーランドのムスリム指導者たちを訪問し、傷心のイスラム住民たちと語り合った。その姿は、多様性と連帯、愛と思いやりを象徴するアイコニックな写真だと世界中で賞賛され、アラブ首長国連邦（UAE）のドバイにある世界最高層ビルのブルジュ・ハリファ（高さ830メートル）に映し出されたほどだ。これを受け、ニュージーランドでは「女性はスカーフを被ろう」という呼びかけが起こり、追悼集会の日にはテレビのアナウンサーや一般の女性たちもスカーフを被っていたという。

しかし、アーダーン首相の映像を見たときのわたしの友人の反応はこうだった。

「またどこかの大学生が、感傷的になってああいうことをしちゃうのね」

友人は、イラン出身のムスリムである。彼女にとり、ヒジャブは女性蔑視や家父長制を象徴するものだ。彼女はもうヒジャブを被っていないし、大学生の娘にも被らせていない。彼女たちにとって、ヒジャブを被らないことは、ムスリム・コミュニティの中でどんなに嫌がらせをされても、親族から批判されても、勇気をもって自分はフェミニストであると示すことでもある。

ニュージーランドの首相の映像だと言ったら友人は驚いていたが、そのあとで「ナイーブすぎる」と言った。このような感想を抱いたのは、実はわたしの友人だけではない。

マレーシアのムスリムの女性運動家で作家のマリアム・リーは、ロイターの取材にこう語っている。

「ムスリムの女性たちへの連帯を示すために、ムスリムではない女性がヒジャブを被っている姿を見るのは、アイロニックであり、矛盾しています。なぜなら、私たちがヒジャブを被る経験は、政治的な意味において女性を力づけるものでも、勇気づけるものでもないからです。彼女（注：アーダーン首相）はそれを被るべきではなかったと思います。でも、どうしてそんなことをしたのかはわかります。彼女はムスリムではないし、ムスリムが多数派の国の出身でもないからです」

ツイッターでもヒジャブは「女性の抑圧のシンボル」「夥しい数の女性たちが被ることを避けるために闘っている」などの声があがり、米国版スペクテイター誌も「人々に選ばれた女性首相がムスリムの祈禱所の外でヒジャブを被ることによって自らの美徳を伝えようとしたら、彼女はヒジャブをムスリム女性が人前で身に着ける公式で正しい服装として認めたことになる」と書いた。アーダーン首相のスカーフ姿は賛否両論を呼んだのだった。

## すべて「直感的な行動」なのか

テロ事件直後の英ガーディアン紙のインタビューで、アーダーン首相は事件後の彼女の行動についてこう話している。

「わざとやったことなどほとんどありません。直感的行動です。（中略）座ってあれこれ考えている暇はありません。正しいと感じることをするだけです」

何かと行動が話題になる彼女には、きっと「やることがわざとらしい」という批判もあるのだろう。だからこそ、「わざとやってるわけじゃない」という自己防衛的な言葉も出てくる。

個人的には、彼女は常に直感的行動で動いているわけでもないと思うし、ナイーブすぎるとも思えない。彼女はジョン・レノンの「イマジン」のような世界観を額面通りに信じているドリーマーではなさそうだからだ。

アーダーン首相は、門戸を開いてすべての移民を受け入れるというタイプの左派ではない。いまや多様性のシンボルになった彼女だが、首相就任時には、移民の受け入れを大幅削減すると発表していた。その理由として、ニュージーランドは人口増加に対する準備が十分にできていないことを挙げていた。緊縮財政でインフラ投資を大幅削減しながら移民に寛容な政策を進めたために国内の分断を深めた英国の失敗からしっかり学んでいるという印象だ。

しかし、一部のメディアが、彼女の移民削減案とトランプ大統領の強硬な移民規制とを重ね合わせて報道するようになると、「移民受け入れの即時削減は目指していない」と掌を返すような発言をしている。彼女は、意外と国内外の自分に対する「目」を敏感に意識して、一つ一つの行動を取っているように見える。

現代の若者の間では、ツイッターやFacebookはもう過去のツールであり、写真共有メディア、インスタグラム全盛の時代だ。人の目に自分がどう映るかを常に意識したアーダーン首相は、「インスタジェニックな政治」をやっている政治家なのだ。もし彼女がヒジャブ写真でノーベル平和賞を貰うようなことにでもなれば、それは一人の人間の生涯における業績より、スマホで拡散される一枚の画像のほうが世界に与える影響は大きい、というSNS時代の政治を象徴する出来事になるだろう。

# 「サイバー暴行」と女性政治家たち

## 叩かれても、踏まれても

2019年7月号

女性参政権を訴え、国王の馬に身を投げたサフラジェットのエミリー・デイヴィソン

### 「女性政治家の時代」は実は来ていない

ドイツのメルケル首相や英国のメイ首相、スコットランド自治政府のスタージョン首相、ニュージーランドのアーダーン首相など、これまで女性の政治リーダーたちを取り上げてきた。頻繁にメディアに登場する彼女たちの姿をニュースで見ていると、すっかり女性政治家の時代がやってきたかのような錯覚に陥る。が、現実はそんなに甘いものでもない。世界的に見れば、女性首相や女性大統領の数は相変わらず全体の5％に過ぎないからだ。

女性は全人口の半分を占めるというのに、２０１９年現在、世界の国会議員における女性の割合は約4分の1であり、大臣職では約5分の1になる。国会議員の50%が女性なのは、ルワンダとキューバとボリビアだけだ。

女性の議員の数を増やすには、いわゆる「アファーマティブ・アクション（積極的是正措置）」が必要とされる。どんなものかといえば、例えば、アイルランドでは２０１６年の総選挙の前に、女性の候補者数が全体の30%に満たない政党には「公的助成の交付額を削減する」という法が施行された。そのため、この総選挙では史上最高の数の女性候補者が立候補することになったが、いまでもアイルランドの国会議員のほぼ80%が男性である。

２０２０年の米大統領選に過去最高の人数の女性が民主党出馬候補として挙がっている。しかし、その一方で女性が一国の指導者に立候補するには、まだ大きな壁が立ちふさがっている。

## 権力を欲しがる女性は道徳的な怒りを買う

2019年4月号の米国版ヴァニティ・フェア誌の表紙を飾ったのは、大統領選出馬を表明した民主党のベト・オルーク元下院議員だった。インタビューでの彼の言葉が表紙にも使われていた。

「I want to be in it. Man, I'm just born to be in it.（僕は出馬したい。そうさ、僕はそうするために生まれてきたんだ）」

もしも女性の候補者が同じことを言ったらどうなるだろう。

「I want to be in it. Woman, I'm just born to be in it.（注：woman という間投詞は存在しない。それがすでに何かを物語っている）」

女性がこんなことを言ったら、鼻もちならない強気の女として反感を持たれるのではないだろうか。

ハーバード・ケネディスクールによれば、積極的に権力を取りに行く態度は、女性の政治家にはマイナスに働き、男性の政治家にはプラスに働くという。人の上に立とうとする男性は主体性があって強く有能な人物だと思われるが、人の上に立とうとする女性は公共性に欠け、協調性や思いやりのない人だと思われてしまうというのだ。なんじゃそりゃ、という気にもなるが、なぜか人々は、女性の政治家について権力志向が強いと聞かされたとき、「道徳的な怒りを感じる」という調査結果も出ている。さらに、こうした反応を示すのは男性だけではないのだ。女性たちも男性と同じぐらい、人の上に立とうとする女性を見るとネガティブな反応を示すという。

ヒラリー・クリントンは自伝の中で、女性の政治家なら「金切り声でけたたましい」「横柄だ」とレッテルを貼られるようなことをしても、男性の政治家はなぜか「感情移入している」「パワフル」と褒められると書いている。

## ネットでの女性政治家叩きのルーツ

いまや政治の世界とネットとは切り離すことができないが、女性政治家に対するネガティブな態度がもっともあからさまに現れているのがネットだ。もう無法地帯と言ってもいい。

男性政治家だってネットでバッシングされているという人もあるだろうが、女性に対するもののほうが遥かに多いことはデータで明らかになっている。アムネスティ・インターナショナルによれば、２０１７年に米国と英国の女性政治家（とジャーナリスト）に送られた口汚い虐待的ツイートや問題のあるツイートの総数は約１１０万になるそうで、30秒に1回はこうしたツイートが送られている計算になるという。

２０１８年に行われた調査で、45欧州国の女性政治家たちのおよそ60％が、ネットでセクシスト的、中傷的な攻撃を受けたことがあると答えている。その多くのケースが、最初は口汚い罵倒から始まったが、そのうちレイプや暴力の脅迫、殺人の脅迫にまでエスカレートしていったという。

これは個人的にも経験がないわけではない。わたしも数年前まで「Yahoo! ニュース個人」という非常に多くの人々が見ているサイトで政治について書いていたが、その頃、やはり同じようなことを体験した。実際、あの頃はGoogleでエゴサすると、わたしの名前と一緒に検索されている言葉として最初に上がってくるのは「死亡」だった。

『そろそろ左派は〈経済〉を語ろう』という鼎談本を出した後には、特に物騒なメールが送られてきた。知らない人ならまだいいが、以前メールをやり取りしたことのある男性の自称社会運動家から、あなたは悪魔の経済学に騙されていると一方的に説教された挙句に、あなたにはがっかりしたので消えてくれ、そうでなければ自分があなたをもう書けないようにしてあげます、というメールが来たときにはゾッとした。

政治というものは、どうしてこんなに人を狂わせるのか。と思ったが、彼らは政治的だから狂っているというより、「女と政治」という咬み合わせが危険なのだと気づいたのは、約100年前のサフラジェット（女性参政権運動家）について調べていたときだった。彼女たちもまったく似たような脅しを受けていたからだ。

「お前らは気分が悪くなるようなバカだ。家も夫も子どももないのなら、溺れ死んでしまえ」

「まもなくお前の家の窓が割れているだろう。それは報復だ。注意しろよ」

こうした言葉でサフラジェットを罵倒するハガキの数々がロンドン博物館に所蔵されている。ツイッターもFacebookもなかった100年前、ハガキはまさにそれに代わる役割を果たしていたのだ。

お前らはバカだ、と上から目線の自説の解説と説教を始めて、死ねとか、身辺に注意しろよとかいう脅しで終わるという一つのパターンが見えてくるが、こういうのを見ていると、マンスプレイニング（上から目線の男性の説教）はやがてエスカレートして暴力やレイプ、殺人に繋がっていくと『説教したがる男たち』で主張したレベッカ・ソルニットは正しかったんじゃないかと思う。

さらに、こういう脅しを受け取った女性の側が、「怖い」という言葉では生ぬるいような根源的な気色の悪さを感じてしまうのは、そこに何か性的なものがあることを敏感に感じ取ってしまうからだろう。

人は自分の話を聞いてもらっているときにセックスをしているときと同じ中脳辺縁系ドーパミン経路が活発になるそうだが、そう考えればネット上の女性に対するマウンティングやマンスプレイニングがやがて暴行の脅しになっていくのはなりゆきとしてはむしろ自然だろう。それを本能的に感知するから女性側もなんとなく性的に蹂躙されているような気分になっておぞましさを覚えるのだ。

アファーマティブ・アクションを取ってもなかなか女性の政治家が増えないのは、こうした事情が背景にあるのは間違いない。女性が政治に手を出すということは、これだけのことに耐えなければいけないという高いハードルがある。相当の精神的タフさがないと無理だし、正直言って割に合わないと思う人も多いだろう。日本などは、政治家のみならず、活躍している女性の評論家やコメンテーターの数も極端に少ないが、原因の根っこは同じではないか。

## 地獄を放置しない

「物申す女」がネットで叩かれるのは、単に男性が女性の進出にムカつくからではなく、性的欲望や快感と結びついているとすれば、そりゃあ世界中でこの現象が蔓延するはずである。

だからと言って、放置しておくとターゲットにされるほうの人間はたまらない。英国議会の人権に関する合同委員会は、ツイッターとFacebookが女性国会議員その他の女性著名人に対する暴力的な脅しやミソジニー的な攻撃への対策を怠っているとして、両社の代表を招いて質疑を行った。

質疑の中で、スコットランド国民党のジョアンナ・チェリーが女性議員たちがネットで受けている女性嫌悪的な嫌がらせのサンプルを提示した。例えば、Sonic Foxなるアカウントから、ビデオゲームの形式で女性への暴力を描いた生々しい動画が女性議員にツイッターで送られていた。この件では、抗議があったにもかかわらずツイッター社は当初それを放置していたという。

チェリーは、ツイッター社は影響力のある人々から抗議を受けたときには早急に対応を行うが、そうでない場合、同社が自ら謳っている女性保護のポリシーにそぐわない運営を行っているのではないかと批判した。

この委員会は、女性議員たちから個別にネットでの暴言や脅迫のエビデンスを入手しており、委員会議長である労働党のハリエット・ハーマンは、それらは「アウト・オブ・コントロール（制御不能）」の状態だと言い切った。

「いろんなことを聞きました。レイプの脅し、殺人の脅し、爆弾攻撃の予告、お前の子どもを殺すという脅迫、『住所をつかんでいる』という脅し、銃の絵がついたメッセージ、首つりのロープの絵……」

2016年のEU離脱をめぐる国民投票の前に、労働党の女性議員ジョー・コックスが、本当に離脱派の男性に銃殺されたことは世界に大きな衝撃を与えた。しかし、左派の女性政治家だけが標的になっているわけではない。保守党の女性議員たちも、日常的にネットで受け取っている女性蔑視的なメッセージの数々を明かしたビデオを発表している。リベラルや左派の男性もまた「この女を黙らせることが正義」と思い込んだら、あなたたちのどこが人権派なのかというような汚い言葉や暴力的脅迫の文句を女性に吐くのだ。しかも、こうした行為の大本にセクシュアルな快感があるとすれば、これはもう右も左も上も下も関係なく、誰だってやらかす可能性があるのだ。

ツイッター社は現在、国会議員に対する暴言、脅迫で対応した案件のうち38%を社内スタッフが発見しているという。それ以前は、ユーザーからの抗議にのみ頼っていたらしい。

「物申す女性」を増やすには、アファーマティブ・アクションだけでは不十分なのだと思う。地獄を地獄として放置せずネットの取り締まりを強化し、女性が物を言いたくなる環境を整えなければ、わざわざ暴行されるとわかっている場に足を突っ込む女性は今後もあまり増えないのではないか。

# サッチャーの亡霊につきまとわれて
## メイ首相辞任の裏側
2019年8月号

ジェレミー・コービン(左)とテリーザ・メイ(右)

### 泣きながら辞任を表明

英国保守党は、「非道な政党」と言われてきたが、「まぬけな政党」と呼ばれたことはなかった。いつも庶民を泣かせ、金持ちを太らせて、エスタブリッシュメントによるエスタブリッシュメントのための冷酷な政治を行ってきたが、いちおう経験は豊かなので政局運営は得意で、素人のように国を麻痺させるようなことはなかった。はずなのである。

が、EU離脱投票以降、保守党はなぜか「まぬけ」になった。性格はめっちゃ悪いし残酷で虐待的で部下たちみんなに嫌われているけど、とりあえず仕事は滞りなくこなせるんだよな、と思っていた上司が、いきなり仕事中に素っ裸になってどじょうすくいを踊り出し、部下たちがあんぐり口を開けて呆れている姿を想像してほしい。それがいまの英国の姿だ。

保守党が突如として「まぬけ」になったという事実は、保守派の人々のみならず、左派の人々にも衝撃を与えた。そしてその事実を象徴するものが、いつしかメイ首相そのものになってしまったのである。

交渉が下手、説明が下手、動きがぎこちない、顔が凍り付いている、頼りにならない、機知がない、頑固、人の話を聞かない、人間らしさがない、等々、ありとあらゆる言葉で彼女は批判され、メイとロボットを掛け合わせたメイボットなる言葉まで誕生した。「ミソジニー」という言葉さえ、もはや彼女を語るときには使われなかった。彼女の性別は、彼女が無能であることとは何の関係もなかったからだ。何度も何度も自らの党の議員や閣僚たちに不信任を突き付けられ、ギリギリのところで首相の座にしがみつき、EUとの間にまとめた離脱条件合意案を議会にかけては、ことごとく否決された。そのため、EU離脱期限を守れなくなり、期限を何度も延長し、もういくらなんでも彼女ではダメだというので辞任に追い込まれた。

「私は2人目の女性首相でした。そしてもちろん、最後の女性首相ではありません。このような機会を与えられたことに大きな果てしない感謝を覚えます。愛する国に仕えることができたのですから」

官邸前での辞任表明スピーチでそう言って、メイ首相は涙にむせんだ。文字通り、泣きながら「辞めます」と言ったのである。

## サッチャーの亡霊、それは「エンパイア2・0」

英国に「Gogglebox」という人気番組がある。2013年から放送されているリアリティー・ショーで、英国各地に住む一般家庭の茶の間で、同じテレビ番組やニュースを見ている人たちの反応を撮影し、その映像を繋ぎ合わせた番組だ。

この番組で、メイ首相が泣きながら辞任を発表したときの映像も出演家族に見せる映像として使われた。すると、これまでメイ首相がテレビに出てくるとネガティブな反応を示していたにもかかわらず、数人の中高年の女性たちが彼女のスピーチを聞いてもらい泣きしていたのである。

「なんだかかわいそうになって……」

「彼女は一生懸命にやったのよ」

「史上最悪の首相」とも呼ばれているメイの最大の悲劇は、彼女の前の英国の女性首相がサッチャーだったということだ。メイは、ブレグジットを実現できなかったことが大きな後悔として残ると辞任表明スピーチで発言したが、この誰がやってもうまくまとめられるはずがない難題に彼女が取り組む羽目になったのも、サッチャーが保守党に残したイデオロギーの亡霊のせいだった。

１９７５年に保守党の党首に選ばれたとき、マーガレット・サッチャーはこう言った。

「労働党にはイデオロギーがあります。私たちもそれを持たなければなりません」

実際、彼女がサッチャリズムというゴリゴリの新自由主義理念をスタートさせるまで、保守党はプラグマティズムの政党だった。理念よりも実利的、実際的なことを取る政党だったのである。

だが、労働党の社会主義に対するカウンターとして新自由主義を打ち出したサッチャーは、「社会は存在しない」と大胆なことを宣言し、自己責任と自由競争を推進する改革を行った。

しかし彼女は、欧州統合型のグローバル経済を信じなかった。1988年のかの有名なブルージュ演説（欧州大学院大学ブルージュ校で行った演説）では、欧州統合を成功に導くためには、各国が主権を持つ独立した国家として協力することが大事で、当時のEC（EUの前身）に各国の主権をゆだねて権力を集中させることには反対だと発言した。

さらに、欧州統合は米国のような欧州合衆国を思い描いて始まったアイディアだが、欧州と米国の歴史はまったく異なると指摘し、各国の独自性をモンタージュのように切り貼りしたところでうまく合成できるわけがないとサッチャーは主張した。また、欧州は世界に向けて開かれるべきであり、ヨーロッパに閉じ籠るような欧州保護貿易主義には反対だという立場を明らかにした。

この理念が保守党の右派に引き継がれ、EU離脱のイデオロギーになったのである。

英国はEUに支配されることなく、独自に北米やアジアやアフリカと貿易協定を結べる立場になって「大英帝国よ再び（『エンパイア2・0』）」の野望を実現させるべきと信じている議員たちがけっこういるのだ。

一般的に、EU離脱投票で離脱派が勝ったのは、庶民が排外主義的になっていたからと思われているが、背後で離脱キャンペーンを率いていた政治家や識者はこの「エンパイア2・0」的な思想を持つリバタリアンたちだった。

メイ首相はもともと残留派として知られていた人であり、首相になってからは、しょうがないので国民投票の結果を尊重してブレグジットを成し遂げると言い続けたが、彼女が推進していたのはソフト・ブレグジットだった。だが、離脱派の保守党議員たちは強硬にそれに反対し、合意なき離脱など国民のほとんどに支持されないことがわかっているのに妥協しなかった。メイ首相を苦しめたのはこの陣営だ。

サッチャーの演説の迫力や政権運営における腕力と比較され、とても「鉄の女」には及ばないと言われ続けたメイだが、それ以上に彼女を苦しめたのは、サッチャーがその後継者たちに残した、根強い「エンパイア2・0」の幻想だった。

## 運命を変えた誤算

このような幻想を追いかける陣営を黙らせ、党内の足並みを揃えるために、メイは2017年6月、解散総選挙に打って出た。野党第一党は、一部の意識高い系の大学生や反戦主義者や環境活動家といったド左翼にしか人気がないジェレミー・コービンの労働党だ。世論調査の数字を見ても、大差をつけて保守党が勝利するのは明白だったので、圧勝して党内の反抗的な議員たちを黙らせてやる、とメイは考えていたのである。

ところが。

選挙では極左と呼ばれたコービンの労働党が反緊縮マニフェストで躍進し、保守党はまさかの過半数割れという情けない結果になった。彼女の政権は盤石になるどころか、北アイルランドの政党DUP（民主統一党）と連立を組まなければ政権が保てない体たらくになる。この連立のおかげで、メイは北アイルランドとアイルランドの国境問題というEU離脱交渉の難関においても、DUPの顔色を常にうかがわねばならなくなり、ますます身動きが取れなくなる。

あのときの解散総選挙がなければ、「冷酷な政党」保守党は北アイルランドの人々の声などガン無視し、ひたすらイングランドにとって都合がいいように離脱交渉を進めたかもしれない。つまり、メイは自分でわざわざ交渉がやりにくくなる状況を作り出したようなものだった。

首相としての彼女の運命を変えたこの選挙の後は、もう転落一直線だった。その年の党大会では、党首演説中にコメディアンを名乗る男性が壇上に近づき、メイにP45（仕事を辞めるときに雇用主からもらう税務書類）を渡した。それは象徴的なシーンだった。あそこから約2年も持ちこたえたのが不思議なほどである。

## アンポピュラー・ポピュリスト

もちろん彼女が何一ついいことをしなかったわけではない。彼女は保守党の女性議員候補の数を増やそうと努力したし、移民の少女たちへのFGM（女性性器切除）の施術や強制結婚の予防・取り締まりを強化した。

だが、彼女の最大の失態は、流行のポピュリズムに乗って支持率を上げようとしたことだ。

彼女の性格や政治家としての個性にはまったくそぐわないマッチョで大胆な発言をして、さらに人々の分断を深め、事態を悪化させたのである。例えば、2016年に首相の座に就いたとき、彼女は実は残留派だったにもかかわらず、「ブレグジットと言ったらブレグジットなのです」という強気の発言をした。さらに、EUとの離脱交渉が一向に進まず、人々がフラストレーションを抱いているときにも、「合意なき離脱のほうが、条件の悪い離脱よりましです」という、極右政党の党首かと思うような発言をした。苛立ちを隠せない離脱派の有権者たちや、党内の右派リバタリアンたちを納得させるためのその場限りのリップサービスだったとしても、このような発言に限ってメディアに大きく取り上げられ、残留・離脱の両派、またはその中間で揺れている人々の心理に深い影響を与えることになった。

英国のニュー・ステイツマン誌の編集者、ヘレン・ルイスは、彼女を「アンポピュラー・ポピュリスト」と呼んだ。

「人気のないポピュリスト」とは辛辣な名称だ。人々に好かれたくて大きなことを言っているのに、人気が出ないポピュリスト。自分ではない者になろうとして撃沈してしまったメイの3年間を、これほど端的に表す言葉もない。

辞任表明スピーチで、彼女は、第二次世界大戦開戦の直前に強制収容所に送られようとしていたユダヤ人の子どもたちを救出した、ニコラス・ウィントンに会ったときに言われた言葉を引用した。

「『妥協』は汚い言葉ではないということを忘れてはいけません。人生は妥協で成り立っているのです」

「ブレグジットと言ったらブレグジット」という言葉を吐いたときに、彼女はこの座右の銘を思い出さなかったのだろうか。本来ならメイは、サッチャーが登場する前の、穏健でプラグマティックな保守党の本来のカラーを代表するような政治家だったのだ。彼女は、二重の意味でサッチャーの亡霊に邪魔されたのである。

サッチャーが女性の進出に冷淡で、「フェミニズムは毒」と言っていたことを考えれば、これは少しも不思議ではないが。

# トランプはなぜ非白人女性議員たちを叩くのか

## またそんなコテコテの差別発言を

2019年9月号

米国・民主党の非白人女性議員たち

米国のトランプ大統領が、2018年の下院選で初当選した野党・民主党の非白人女性議員4人に対し、コテコテの差別発言をして世界中を騒がせている。

今回、(例によってツイッターで) トランプの攻撃のターゲットになったのは、プエルトリコ系のアレクサンドリア・オカシオ＝コルテス議員、ソマリア生まれのイルハン・オマル議員、パレスチナ系のラシダ・タリーブ議員、アフリカ系のアヤンナ・プレスリー議員の4人である。

7月14日、トランプ大統領はこれらの女性議員たちに対し「もともと政府が完全にひどいことになっている国から来た」とツイートし、15日にも「アメリカを憎んでいる」「この国に文句ばかり言っている」と発言したほか、「(国際テロ組織) アルカイダのような米国の敵」を愛する者たちだと中傷し、「出身国に帰ればいい」とまで言った。

4人の女性下院議員たちは、15日に記者会見を開いて、トランプ氏のコメントは「排外的で偏見の塊」だと非難し、「私たちを黙らせることはできない」と闘う姿勢を示した。

「Go back to your country (自分の国に帰りなさい)」は欧州や米国ではきわめて古典的な差別用語であり、このような言葉を一国のリーダーとして堂々と口にするのは、「多くの人が私に同意しているから」だとトランプ大統領は言う。

いやはや大変な自信としか言いようがないが、強烈なスタイルの指導者には飽きられるときがくる。「ポリコレもクソもねえ」な彼の態度を見て一時的に溜飲を下げたとしても、でも自分の暮らしはちっとも良くなってないよね、と冷静に気づく人々も出てくる頃だろう。

それなのにこんな恐れ知らずの横暴をして、彼は大いなる誤算をやらかしている可能性はないのだろうか。

## 「トランプはビビってる」説

トランプ大統領は、彼女たちを怖がっているから必死で叩いているという説もある。彼は自分の人気が落ちていることを知っているというのだ。

今回の彼の行動は、2020年の大統領選挙に向け、トランプ大統領と共和党がどのような戦略を打ち出してくるのかを示すものと考えてもいい。トランプ大統領は、白人の支持者たちの不満と憎悪を煽る形で、つまり前回の選挙で採った作戦で次も乗り切れると思っているのだ。

トランプ大統領の選挙戦略は、常にアイデンティティ政治的だった。

白人支持者たちに「脅威にさらされているグループ」というアイデンティティ、すなわち帰属性を与えて、移民や女性や性的マイノリティの人々が「彼らから不当に様々なものを奪うグループ」だと設定し、前者が後者と戦わねばならぬと煽るのだ。だから今回も、非白人女性議員たちに勝手に宣戦布告をし、白人十字軍の指揮官然とした勇ましい姿をアピールしているのである。

しかし、民主党はもうヒラリー・クリントン時代の党ではない。とくにアレクサンドリア・オカシオ＝コルテスをはじめとする4人の女性議員たちは、ヒラリーとはまったく違う政策を打ち出して大きな注目を集めている。

なかでも彼女たちの経済政策は、トランプ大統領の支持層の人々にさえ歓迎されかねないものだ。地球温暖化対策や自然エネルギーに大規模公共投資を行い、新たな雇用と経済成長を促進するというグリーン・ニューディール（これはそもそもオバマ前大統領が提唱したものだったが、彼の計画は頓挫した）、超富裕層への税率70％課税、国民皆保険「メディケア・フォー・オール」、学資ローンの帳消しなど、彼女たちの経済政策は、民主党員だけでなく、一般有権者にも人気が高い。

オカシオ＝コルテス議員が発表して話題になった超富裕層への税率70％課税には、60％の無党派有権者が賛成しており、共和党員でも45％が賛成しているという調査結果もある。

世論調査では、常に米国民の大半が国民皆保険「メディケア・フォー・オール」を支持しているし、グリーン・ニューディール政策にも、民主党支持の人々だけでなく、幅広い支持が寄せられている。4人の女性議員たちは過激な急進左派とも呼ばれるが、彼女たちがもたらそうとしている政治の変化を求める声は、米国の中には明らかに存在している。

彼女たちは非白人であり、また女性であるために、どうしてもアイデンティティ政治の部分のみが強調され、移民の代表とか女性の代表とか言われがちだ。もちろん、マイノリティ代表として政治を行うことも重要だが、彼女たちが米国政治にもたらそうとしている変革は実は普遍的で、マイノリティもマジョリティもその恩恵に与れるものだ。すべての米国の人々の生活を豊かにし、失業と貧困を減らすための経済政策の大転換を掲げているからだ。

それがあるからこそ、彼女たちは急進左派だけでなく、もっと広い層の人々から支持を獲得している。

これはトランプ大統領にとってはピンチだ。彼は、ヒラリー・クリントンをエスタブリッシュメントの象徴に仕立て上げ、自分が地べたの人々の味方であるような「反エリート」のナラティヴを作り出して大統領に選ばれたのである。

が、今度は本物の地べた代表者たちが出てきた。オカシオ＝コルテス議員などは、元ウエイトレスの筋金入りの庶民派である。しかも、4人の議員たちは全員女性で非白人だ。もうトランプ大統領には「反エリート」のカードは切れない。彼女たちと並ぶと、白人男性で裕福な彼こそがエスタブリッシュメントに見えてしまう。

だから、トランプ大統領と共和党は、進歩的な政治改革の邪魔をし、再分配主義者の政策を妨害するために米国の歴史を通じて時の権力者たちがやってきたのと同じ戦術を使うことで勝とうとしている。それは、労働者階級の人々を人種や宗教の違いで分裂させることだ。レトリックと政策を用いて民衆の心に不安と恐怖心を植え付けるのである。

彼が民主党の4人の女性議員たちについて、「米国を憎悪している」とか「アルカイダのような米国の敵を愛している」などとデマをとばし、非白人と白人の対立を煽っているのはそのせいだ。

## 「いや、彼は思ったよりクレバー」説

だが、じつはああ見えてトランプ大統領はクレバーであり、民主党は彼の狡猾な戦略にはまりつつあるのではないかという、真逆の見方もある。

トランプ大統領が4人の民主党女性議員に対してあからさまな差別発言をして以来、民主党内のパワーバランスが変化しているからだ。以前は、下院議長で民主党幹部のナンシー・ペロシと、4人の非白人女性議員たちの間には深い溝があった。ペロシばかりではない。ベテランの民主党議員たちは、オカシオ＝コルテスらの政策はあまりにも極左的であり、WOKE（社会的不公正や差別について敏感、という意味の若い人々の間で広まったスラング）過ぎ、メディアやSNSで注目を集めることにばかりかまけていると考えていた。つまり、左派ポピュリスト的な4人のやり方に感心していなかったのである。

ところが、トランプ大統領の差別発言でこの構図が変化した。

民主党ベテラン陣営は、4人の非白人女性議員たちを全力で擁護したのである。これまで4人に批判的だったペロシもオカシオ＝コルテスらとの連帯を表明し、トランプ大

統領のレイシズムと断固として闘う意志を示した。

だとすれば、トランプ大統領の発言によって民主党内の足並みの乱れが解消されたのだから、共和党にとってはマイナスではないかと思われるかもしれない。実際、表面的にはそう見える。

しかし、それこそがトランプ大統領の戦略だという。彼は、大統領選での敵方の「顔」を自ら選んでいるというのである。彼は民主党の「顔」が、ジョー・バイデン前副大統領やエリザベス・ウォーレン上院議員、カマラ・ハリス上院議員のような経験豊富な議員たちになるのを阻止しようとしている。なぜなら、2019年6月に出た世論調査で、彼らはみなトランプ大統領の支持率を上回っているという結果が出ているからだ。

だから、彼らのような安定感のある議員たちではなく、オカシオ＝コルテスら4人組のような新人の急進左派女性議員たちの顔が毎日メディアに登場するように仕向ければ、勝算はあるとトランプ大統領は踏んでいるのだ。彼女たちは過激で恐ろしい思想を持った社会主義者たちだ、という批判をしておけば、米国の多数を占める中道派の人々は不安を感じるだろうと考えているのだ。

さらに、前の選挙で彼を支持した層を再び彼に投票させるには、移民に対する恐怖感と憎悪をもう一度煽る必要がある。メディアが彼女たちを大々的に取り上げれば、トランプ大統領は自分と彼女たちの対立をそのまま「白人対非白人」の構図にスライドさせることができる。だから、4人の非白人女性議員たちがトランプ大統領を激しく批判し、それをメディアが報道すればするほど、トランプ大統領にとっては好都合なのだ。

こうなると確かに民主党にはジレンマが生ずる。穏健派で安定感のある議員たちを党の「顔」にして、前回の選挙でトランプ大統領に票を投じた白人有権者層を呼び戻す作戦に出るのか、それとも、オカシオ＝コルテスら4人組をキャンペーンの前面に押し出してレイシズムを公然と批判し、非白人やリベラルな若者の層にアピールする戦略を取るのか。

トランプ大統領自身は、「ペロシと4人組に『結婚』してほしい」と側近に語ったと言われている。つまり、4人組が民主党の「顔」になる状況が自分には最高のシナリオと思っているのだ。

移民であり、女性であるということはマイノリティの中のマイノリティであるということだ。それがトランプ大統領のような白人の大富豪の男性に差別的な言葉を公然と浴びせられるのは誰が考えても道徳的に間違っている。だが、その道徳的に許されないことが政治的にはプラスに働いて票が取れたりするのが選挙の世界である。

もし本当にこれらをわかったうえでトランプ大統領が行動しているとすれば、民主党にもまた道徳的判断ではなく、政治的判断を下すべきときが来ているかもしれない。

# 合意なきブレグジットを阻止するのは全女性内閣？

２０１９年10月号

キャロライン・ルーカス

## 合意なき離脱を止めるために

メイ前首相の後継者に、元ロンドン市長で、ＥＵ離脱投票で離脱キャンペーンの顔となったボリス・ジョンソンが選ばれた。英国もトランプ大統領のような指導者を選んでしまったのか（確かに見た目、特に髪型はイコールで結べるものがある。わたしの美容師の兄ちゃんが、「世界でもっともひどいヘアスタイルの英米指導者コンビ」と呼ぶとおりだ）、英国もついにウヨク化、世界はいよいよ大変なことに……と騒ぐ向きもあるようだが、ちょっと待っていただきたい。

はっきり言って英国の我々は、彼を首相に選んだわけではない。総選挙が行われたわけでもないし、彼を首相に、というか与党の新党首に選んだのは、約16万人の保守党の党員オンリーだ。つまり、ジョンソン新首相は、たった9万人やそこらの票を集めて約6600万の人口を持つ国の首相になったというわけで、こういうことがあるたびに、「民主主義は数の論理」とかいう例のアレがいかに当てにならないかと気づかされるが、まあしかし議会制民主主義では「数の論理」はときにミステリアスな逆進性を発揮する。

そんなわけで彼が首相になったことに不満を持つ人は多いというのに、彼は「ノー・ディール・ブレグジット（合意なきEU離脱）」などという勇ましいことを言っている。そして、中道派・穏健派の人々やEU残留派の人々を恐怖の底に陥れているのだ。個人的には、この人は昔から政局をきょろきょろ見渡しながら（そして不安なことには大事な局面で見間違えることが多い。だからいままで首相になれなかったんだし）方向を変える「お調子者」だと思っているので、そこまで本気で合意なきEU離脱を信じているかは疑問だ。が、この「お調子者」のヤバいところは、ラッパを鳴らしているうちに本当に自分が鳴らしているラッパがけっこううまいんじゃないかと思い出し、「俺は現代のウィンストン・チャーチルだ」とか言って暴走しそうなところである。

このきわめて「お調子者」的でアルファロメオ的な、それでいて超エリートだから世間知らずで政局を読み違えるという新首相が、「何もかもぶっちぎってとにかく離脱する」みたいな気配を漂わせると、これはもう全力で阻止せねばならない、と意気込む人たちが出てくるのは当然だ。そしてその中でも、もっとも異色の提案をして注目を集めたのが、緑の党の初代党首であり、同党初の国会議員となったキャロライン・ルーカスである。

## EU離脱を乗り越える鍵は女性の力?

キャロライン・ルーカスは個人的に知っている。というか、別に友達でも知り合いでもないが、うちに来たことがある。というのも、彼女のお膝元はブライトンであり、わが家は彼女の選挙区に入っているからだ。英国は日本と違い、選挙活動の一部として有権者の家庭を個別に訪問することが法的に許されている。ルーカスはいまや英国ではその顔を知らない人はいないぐらい有名だが、彼女もまだ無名だった頃、選挙区の住宅のドアを一軒一軒ノックして、草の根の選挙活動を行っていた。ある週末の朝、二日酔いで寝ていたらドアを叩く人がいるので、出てみたらスーツ姿のルーカスが立っていたのを覚えている。

さらに、わたしは失業者や生活保護受給者をサポートするための慈善施設内にある託児所で働いていたことがあり、その託児所の責任者であり、わたしの保育の師匠だった女性が、ルーカスとは古くからの友人だった。ルーカスはその慈善施設のアドバイザーのようなこともやっていて、2回ばかりジーンズ姿で託児所を見に来たこともあった。ブライトンでずっと社会活動をしてきた左派系の人々で、彼女と面識のない人はほとんどいないと思う。

そんな風にしてむかしは地元で活動していた彼女も、いまや英国のみならず、たとえばヤニス・ヴァルファキスが立ち上げた国境を超えたEU改革を求める組織、DiEM25のアドバイザリー・パネルにケン・ローチやスラヴォイ・ジジェクなどと共に名を連ねたりしていて、国際的に反緊縮のグリーン政治家として有名になっている。英国内においても、強固なEU残留派の一人として、ディベート番組やニュースのコメントに引っ張りだこである。

その彼女が、英ガーディアン紙に「破滅的な合意なき離脱を阻止するため、私は女性の内閣を呼びかける」という記事を発表している。同記事中で彼女は、（気候変動抑制に関する多国間の）パリ協定や、北アイルランドの和平交渉にとって女性の協力が不可欠だったように、英国と欧州全体におけるEU離脱の危機を回避するには女性の力が再び必要だと主張する。彼女はこう書いている。

私たちには「暫定内閣」が必要です――ブレグジット戦争を戦うためではなく、和解のために働くために。それは女性の内閣でなければならないと私は信じます。なぜ女性なのか？　それは、危機に瀕したときには女性は違う見方を持ち込むことができ、意見の違う人々に手を差し伸べ、解決策を見つけるために協力することができると信じるからです。

しかし、もうすでに忘れられつつあるが、ジョンソン首相の前の首相は女性だったのである。じゃあなぜ彼女は危機から英国を救うことができなかったんだろうなと思いながら読んでいるとこうも書かれている。

ベティ・ウィリアムズとマイレッド・コリガン、北アイルランド紛争が最悪の状態になっていたとき、ピース・ピープル運動を立ち上げたのは2人の女性たちでした。クリスティアナ・フィゲレスとセゴレーヌ・ロワイヤル、パリ協定締結の鍵となったのも2人の女性たちでした。女性のリーダーシップによって、解決困難な問題の解決の糸口が見出されたのです。

なるほど、メイ前首相は一人だったから無理だったわけで、複数の女性政治家が主導権を握れば大丈夫、と、ルーカスは言っているらしい。

## 女性だけの内閣

ルーカスは、保守党、自由民主党、労働党だけでなく、スコットランドのSNP（スコットランド国民党）、ウェールズのプライド・カムリ、インディペンデント・グループ・フォー・チェンジ、さらに無所属を含めた10人の議員たちに協力を要請している。まず、ジョンソン政権を打倒するには内閣不信任案を可決させて暫定内閣を組閣することになるが、ふつうならこれは野党第一党の労働党のジェレミー・コービン党首が率いる。が、彼はいまのところ他党と連立して政権を運営することには消極的だし、コービンがトップに立つ政権には加わらない立場を明らかにしている政党もある。

しかし、複数の政党が連帯しなければ挙国一致内閣は作れない。女性だけの内閣ならこれが可能だというルーカスは、彼女が選んだ10人の名前をガーディアン紙に公開した。同紙は、早くも誰がどの役職につくかの予想を行っている。

その予想によれば、女性だけの緊急挙国一致内閣の首相はキャロライン・ルーカス。言い出しっぺだから当然だろう。副首相には自由民主党の若き女性党首でバリバリの残留派、ジョー・スウィンソン。外務大臣には労働党のベテラン議員、エミリー・ソーンベリーで、内務大臣にはやはり労働党のイヴェット・クーパー。財務大臣は保守党のジャスティン・グリーニングで、防衛大臣には元保守党のアナ・スーブリー、労働年金担当大臣にも元保守党のハイディ・アレン。

ルーカスはSNP党首でスコットランド首相のニコラ・スタージョンも選んでいるが、彼女は英国議会には議席を持っていない。加えて、ウェールズのプライド・カムリの女性議員などの名前も入っているが、SNPにしろプライド・カムリにしろ、スコットランドやウェールズの独立を目指す政党なので、それほど簡単に乗ってくるかは疑問だ。

## 分断をさらに深めるだけ

ルーカスが女性政治家10人に呼びかける形で書いた「破滅的な合意なき離脱を阻止するため、私は女性の内閣を呼びかける」を掲載したガーディアン紙には、批判の手紙も寄せられている。

（確かにルーカスの指摘の通り）党を超えた話し合いが必要だし、現在の内閣には女性の声が少数しか代表されていない。しかし、キャロライン・ルーカスが呼びかけた10人の女性はすべてシスジェンダー（身体的性別と自分の性認識が一致し、それに従って生きている人々）で、白人で、そのほとんどが異性愛者で、平均年齢は50歳で、10人のうち8人がラッセル・グループ（24の研究型大学によって構成されたグループ。英国の名門大学連合として知られる）で学んだり教えたりしている。彼女たちが21世紀のブリテンと北アイルランドに見られる多様な意見と特性を代表しているかは議論の余地があるし、なぜこのような同じようなタイプの人々の集まりが議員の過半数や一般の人々に支持される解決法を見つけ出せるかは不明である。

ノーサンプトン大学の上級講師がこのような手記を同紙に寄せている。彼は緑の党支持者で、EU残留派であり、女性史を教えてきたフェミニストだが、ルーカスの今回の提案には賛成できないという。ルーカスの女性内閣の提案は、ジョンソン首相を失脚させ、合意なき離脱を阻止して、最終的には2度目の国民投票に持ち込むためのものである。つまり、最終的にはブレグジットを「合意なき離脱VS2度目の国民投票」の構図にしてカタをつけようとする案だが、これには議会でも賛否両論の声が上がるだろう。

労働党は、すでにコービン党首以外のリーダーが率いる暫定政権は支持しないという方向性を打ち出しているし、ルーカスが呼びかけた10人の一人であるアナ・スーブリーは、こうコメントしている。

「女性が違うやり方で物事を行うことができるということは賛成しますが、合意なき離脱を阻止しようとするのなら、人々をまとめることが大事なのであって、ジェンダーを基準に人々を分断することではないと思います」

わたしにとり、師匠の友人でもあったルーカスにはがんばってほしいとは思う。が、今回はスーブリーの言うことが至極まともに聞こえる。

# 育児のための辞任は反フェミニズム的？

## スコットランドの女性党首の決断

2019年11月号

ルース・デイヴィッドソン

### 「個人的」なものと「政治的」なもの

「育児に専念するために辞めます」と言って著名な女性が仕事を辞めたら、「夫がまったく育児を手伝わないのだろう」とか「女性どうしのカップルだったらこんなことにはならない」とかいうようなことを言われがちだが、スコットランド保守党党首のルース・デイヴィッドソンは同性のパートナーと築いた家庭のために党首を辞任した。

「正直に言います。これから20カ月間、二つの選挙を戦うためにキャンペーンに出ることに、かつての私なら意気揚々としていたことでしょう。でも、今の私は、家と家族から遠く離れてしまうことへの恐れでいっぱいになってしまいます」と彼女は辞表に記している。

二つの選挙とは、2021年に予定されているスコットランド議会選挙と、時間の問題である英国総選挙だ。IVF（体外受精）で授かった長男フィンを2018年に出産した彼女は、育児休暇を取り、2019年4月に仕事に復帰したばかりだった。

今回の決断は「個人的」なものであり、同時に「政治的」なものでもあったと彼女は発表した。つまり、ジョンソン首相就任で強硬離脱に向かおうとしている保守党の方向性が、彼女のような党内のEU残留派を苦しい立場に追い込んでいること、そして彼女が拠点にしているスコットランドでも、保守党政権が合意なき離脱の方針に傾けば傾くだけ、独立をめざすSNP（スコットランド国民党）が支持を伸ばし、独立反対派のデイヴィッドソンとスコットランド保守党は苦境に追い込まれる。一方で幼い息子の面倒を満足に見られないという罪悪感に駆られながら、このような政界のプレッシャーに耐えられなくなった、ということだろう。

左派からは、彼女がジョンソン首相に一撃をくらわせて辞任しなかったことに失望したという声も上がっているし、彼女は子どもを言い訳に使っているだけで、単に政治的な理由で辞めるのだと考えている人が多い。逆に、彼女の辞任そのものが、勝手に議会を閉鎖しようとするなど独裁的になってきた首相への抗議と言う人々もいる。

一方、保守派の意見を見渡せば、彼女が仕事よりも家庭を優先したことを称賛し、彼女の決断はＥＵ離脱をめぐる保守党の分裂とは何の関係もないと言っている人たちも多い。

## 「家庭優先」は仕事を辞める理由には不適切？

「子どもを産んだら仕事に対する考え方が変化した」と女性が発言すると非常に大きな意味をもって受け取られることが多い。もちろん、子どもができたら仕事への姿勢を変える男性もたくさん存在するのだが、あまり男性はこういう質問をされない。

あの、炎のようなパッションを持つデイヴィッドソンが、子どもができたら仕事への情熱を失ってしまったという事実は、多くのフェミニストたちを失望させたし、わたしがラジオのディベート番組を聞いていたときも、「同性愛カップルとして堂々と子どもを育てているプログレッシヴな彼女が、こんな保守的な考えの持ち主だったとは驚いたし、がっかりした」という女性リスナーからの怒りの電話があった。

女性はみな子どもを出産したらキャリアへの野望を失う、という母性本能説は確かに誤った考え方だ。多くの場合、育休明けで職場に戻ったら、以前とは職務内容が（あからさまにではなく）微妙に違ってきてしまった、とか、もっと不運なケースでは「辞めてほしい」空気を漂わせられるゆえにキャリアへの熱意や野心が萎えてしまうというのが本当のところだろう。

とはいえ、女性はみなそれぞれに違う。出産後の精神状態や、出産時の年齢、仕事の種類、人生においてどの段階にいるか、ということは一人一人異なるので、「フェミニストならかくあれ」という一つの鋳型に多種多様な女性をみんな入れ込もうとするのはそもそも乱暴でもある。

子どもを産んだら、本当に赤ん坊のことが気になって仕事が手につかなくなる女性も現実に存在する（わたしは保育士として働いていたが、いわゆるバリキャリの母親が1時間おきに悲壮な声で保育園に電話してくることもあった）。そうかと思えば、さっさと育休を終えて職場のデスクに戻りたくてしかたない女性だっている。「シスターフッド」、すなわち女性どうしの友情としてこれを考えれば、前者と後者のママ友がカフェで紅茶か何か飲みながら「そうね、あなたも大変ね。お互いがんばろう」と肩を叩き合っている姿が想像できる。が、これが「フェミニズムの見地から」となると、突然そういうゆるい繋がりというか友好ムードが希薄になるのはなぜだろう。

今回のデイヴィッドソンの決断に対する一部の反応を見てつくづく思ったのは、フェミニズムにはロールモデルに依存し過ぎる一面があるのではないかということだ。

強くて賢くて格好いい、私の代わりにバーンと言ってくれる、どこまでも進歩的で、家庭とか家族とかいう古臭い概念からは自由で……、みたいな理想形にロールモデルを求めれば、そりゃ疲れてそういう役割から降りて行く人が続出するのは当然だろう。人間や人生や生活というものは、ヒーロー漫画のプロットみたいに単純ではないし、生身の人間はキャプテン・マーベルにはなれない。

## もう一つの個人的な理由

とは言え、やっぱり「シスターフッド」もあるじゃん、と明るい気持ちになったのは、ガーディアン紙にジャーナリストのギャビー・ヒンズリフが書いた記事を読んだときだった。

彼女は10年前にガーディアン紙の日曜版ともいえるオブザーヴァー紙の政治報道部長という、彼女にとっての「ドリーム・ジョブ」を退職し、当時2歳だった子どもの育児に専念するという決断をした。彼女は自分の経験をこう書いている。

いったい私は自分の人生に何をしてしまったんだろうと思いながら、雨の中をプレイグループへと歩いた日々、そして、たとえ世界と引き換えにしてもこの決断を変えることはないと思った日々を今でも覚えている。でも、じきに後者のほうが前者よりも多くなった。だからデイヴィッドソンも最終的には振り向くことはないだろう。（とはいえ、彼女は復帰するかもしれないが、それはまた別の話だ。子どもは成長するし、家庭環境も変わる。そして、政治状況も。）

それまで私たちは、一人の女性の決断は、すべての人を判断するスタンダードが決めるものではなく、本人のものであり、彼女一人のものであるということを受け入れたほうがいい。デイヴィッドソンは極端な仕事のプレッシャーの中で何カ月も働いて来た。彼女は10代の頃にうつ病にかかったことがあるので、自分の限界を超えることに用心しているはずだ。

デイヴィッドソンはインタビューで自らのメンタルヘルスの問題について赤裸々に明かしたことがある。10代の頃、自傷行為や自殺願望、うつ病に悩まされたというデイヴィッドソンは、英国の首相になりたいかと尋ねられ、「自分のメンタルヘルスをとても価値のあるものだと思っているので」首相にはなりたくないと語っていた。

保守党が右傾化する一方で、党内リベラルのスターである彼女は、メイ首相が辞任したときに、次期首相候補の一人として名前が挙がっていたほどだった。しかし、2016年には首相の仕事について「世界で最も孤独な仕事」と話したこともあり、スコットランドのエディンバラに子どもを残してロンドンで仕事をするかと問われると、「考えただけで不快になる」と語っていた。

## ルース・デイヴィッドソンの評価

2015年に英国総選挙が行われた頃、スコットランドではSNPのニコラ・スタージョン党首が大人気になり、独立を求める陣営が勢力を拡大していた。もともと労働党が強い地盤だったが、SNPが労働党の票を奪った形となり、かたや保守党はむかしからずっと一貫して支持が低かった。

その構図をがらりと一変させ、スコットランド保守党の勢力を急激に拡大させたのは、デイヴィッドソンの個人的な魅力だった。

自由民主党のスコットランド議会議員、アレックス・コール＝ハミルトンは、彼女は、彼が唯一、「ブリリアント過ぎて怖い」と感じた政治家だと証言する。

過去数年間、スコットランドの政治アクティヴィストとして、そして議員候補として人々と出会い、話す中で、彼が繰り返し耳にしたのは「I like Ruth」という言葉だったという。「自分は保守党支持者じゃない。でも……」「自分は自由民主党に投票すると思う。でも……」と言った後で、誰もが「ルースが好き」と告白したらしい。演説の名手であり、人間としてもチャーミングな彼女は、「どんどん右傾化していく（保守党の）政策の上に立っていても、それを合理的に聞こえさせる不思議な能力を持っていた。穏健にさえ聞こえた」とコール＝ハミルトンはリベラルの立場から語っている。彼は、保守党の右寄りの政策すら穏健に聞こえさせるデイヴィッドソンが保守党党首の座から降りることで、スコットランドで本物の中道リベラルが復活するのではないかと推測している。

一方、長年、デイヴィッドソンとはライバルの立場で、スコットランド独立派と独立反対派として舌戦をまじえてきたニコラ・スタージョンは、さすがというか何というか、すでに、ちゃっかり彼女の辞任を政争の道具にしようとしている。

スタージョンはデイヴィッドソンの決断が政治的理由によるものだということは誰にでもわかると言い、「それはより大きな疑問を突き付けています。スコットランド保守党の党首でさえ、ジョンソン首相が推進している極端なハード・ブレグジットと折り合いをつけることができないとすれば、他のスコットランドの人々がなぜそれと折り合いをつけなければいけないのでしょう」と英国のメディアに語った。

スタージョンは、デイヴィッドソンの辞任の決断について、自分とSNPが推進するスコットランド独立の主張をもじってこんなパンチラインすら飛ばしている。

「ルースは今日、独立を宣言したのです」

独立派と独立反対派の両陣営を率いる（ある意味、よく似た）強い女性指導者2人が、シャープで熱い舌戦を繰り広げていた「スコットランドの女たちのバトル」が見られなくなるのは、個人的には残念だと思う。

# 英国女王とジョンソン首相の微妙な関係

## 宿敵のような、でも実は同族の二人

２０１９年12月号

エリザベス女王

### 女王に政治関与を求める声

エリザベス女王といえば、これまで議会政治を超越した存在だった。というか、そういうイメージを保つことに長らく成功してきた。

トランプ訪英時にオバマ前大統領からプレゼントされたブローチをつけていたとか、議会でスピーチしたときにＥＵの旗を思わす青い帽子を被っていたとか、彼女のファッションには秘めた政治的メッセージが込められているとまことしやかに囁かれるようになったのも、女王はけっして公に政治的主張をすることがないからだ。

だからこそEU離脱についても「女王がそんなバカなことをして国や国民を危機に陥れたいわけがない」と言う人もいれば、「いや、女王はひそかに離脱派。もともとEUのことはよく思ってなかった」と言う人もいたり、各人が勝手に女王は自分と同じ主張をしている、と思い込むことができる。そんなわけで女王の人気は常に高どまりで落ちることがない。世論調査YouGovのサイトでも、女王の支持率は73％という異様に高い数字になっている。

ブレグジットでどれほど下々の者たちが揉め、首相や政権の支持率が落ちようとも、その上に君臨する女王は「われ関せず」でにっこりと微笑み、国民の人気を独り占めしていたのである。

が、ここにきてそれを一変させる出来事が勃発した。

ジョンソン首相が、国会議員たちの意見がまとまらないことに腹を立て、２０１９年10月の期限にEU離脱を遂行するため、５週間も議会を閉鎖するという奇策を考え出した。そして、それを女王に進言し、彼女が許可を与えてしまったのである。

議会閉鎖の権限を持つのは女王である。とはいえ、女王は常にただ内閣の進言に従っているのだということはみんな知っている。だが、今回ばかりは女王に批判の声が出てしまった。いくらなんでも勝手に議会を閉鎖して自分の好きなようにEU離脱を進めたいなどという、あまりに独裁的な首相の暴走を、女王たるものが阻止せずにどうするのかというのである。

しかも、女王がそれを許可した後で、英国最高裁判所がこの議会閉鎖措置に違法判決を下した。つまり、女王は違法なことを許可していたということになり、「ジョンソン首相は女王に恥をかかせた」とメディアは大騒ぎになった。

女王が、ついにブレグジットの泥沼に引きずり込まれたのである。

## 四方八方から利用されそうになって

「ジョンソン首相は女王に謝罪すべき」と言い出したのが、バリバリの極左として有名な労働党党首、ジェレミー・コービンだ。彼なんかは、共和制主義者であることを隠そうともしてないし、党首に選ばれたときも女王陛下の枢密院に招かれながら出席を拒んでハイキングに行っていたことがバレて大問題になったことがあったほどだ。それが何をいまさら保守派のおっさんみたいなことを言い出しているのかとも思うが、ポリティクスとは「使えるものは何でも使う」ということである。一気に解散総選挙に持ち込んで政権を奪いたいコービンとしては、右翼ぶってるジョンソン首相が実は女王のことなど何とも思っておらず、彼女に失敬きわまりないことをしたと批判することで自分のイメージアップを狙っているのだ。つまり、「保守党政権はもう嫌だけど労働党党首は極左だから」と腰が引けている中道派の庶民に、「コービンは意外と王室に対する礼節を知る男」と思わせる戦略に打って出たのである。

こうした批判の声の高まりを受け、ジョンソン首相はじつはこっそり女王に謝ったという報道もあるが、しかしちっとも懲りていない。

最高裁に違法判決を出されたので5週間の議会閉鎖ができず、10月14日から新会期が始まったが、英国議会では会期の初日、女王が政府が書いた施政方針を読み上げる「女王演説」を行うことになっている。で、この年の方針演説はなぜかやたらと強気であり、冒頭から「私の政府の最優先事項は、予定通り10月末にEUを離脱することです」という言葉が入れられていたのである。しかも、BBCのローラ・クンスバーグ政治部編集長が「長いショッピング・リストのよう」と呼んだほど、いつになく野心的な法案が次から次とてんこ盛りに発表されて、ジョンソン首相はすでに解散総選挙をにらんで自分の宣伝を女王にさせていると言われた。

演説の内容を決めているのは当然ながら政権である。女王はここでも自由意志のないパペットも同然だが、彼女の口を通して「最優先課題はさっさとブレグジットをすること」と言わせたことの国民への心理的影響は大きい。

このように与野党の党首が女王を政治利用しようとしているのに加え、そもそものEU離脱問題を引き起こした元凶であるキャメロン元首相までがしゃしゃり出てきて女王を悩ませている。

もとはと言えば彼こそが（選挙に勝ちたいばっかりに）EU離脱の国民投票を行うなどと言い出して、現在の英国の混乱を引き起こした張本人なのだが、国民投票後にさっさと首相を辞任し、しばらく雲隠れしたように人前に出なかった。そのキャメロンが、久しぶりにBBCのドキュメンタリーに出たのだ。

そこで彼は、2014年のスコットランド独立をめぐる住民投票のときに、実はスコットランドの人々に英国残留を呼びかけるよう女王に依頼していたことを明かした。あのとき、女王は「私は人々が未来について慎重に考えることを希望します」と発言して話題になったが、その裏に政府の政治的意図があったと暴露したのである。

王室はこんな時期に何故そんな発言をしたのかと激怒しているそうだが、ずっと身を低くして隠れていたキャメロンがどうしていきなりドキュメンタリー番組に出たり、炎上するような発言をしているのかというと、これには政治的意図はない。単に、彼の新刊の自伝のプロモのためなのである。

まったく呆れるというか、彼らしい話でもあるが、政治利用のみならず商業利用もされている女王は、90代にして大ピンチを迎えている。

## メーガン妃とジョンソン首相

女王が残留派の人々から政治介入を期待されてトリッキーな立場に追い込まれる一方で、女王の孫のヘンリー王子の妻であるメーガン妃は、いまや英国のみならず世界中のリベラルたちのスターになっている。古臭い白人オンリー社会の象徴であるような英国王室に入った黒人女性で、米国人でもあり、チャリティーや社会問題への関心も強く、結婚前にはメディアに社会派のエッセイなども発表していた。ヒラリー・クリントンは「根性がある」としてメーガン妃のファンを公言していて、その一方で「独裁主義者気どり」としてジョンソン首相を批判している。

こうした反応に端的に現れているように、英国メディアには、「残留派の代表メーガン妃」と「離脱派の代表ジョンソン首相」の構図をつくって二人の対決を期待するようなムードがある。というのも、メーガン妃はヘンリー王子と交際を始める前、2016年7月（EU離脱をめぐる国民投票で離脱派が勝った翌月）に「ブレグジット反対」のプラカードを持ってロンドンでデモに参加していた女性の写真をインスタグラムに上げていた。現在はこのポスティングは削除されているが、彼女が英国王室のメンバーとしてはかなりリベラルな思想の持ち主であることは間違いなく、公の場でジョンソン首相と同席して少しでも何かあれば、メディアは大げさに対立の構図を作って騒ぎ立てることになるだろう。

メーガン妃は英国版ヴォーグ誌2019年9月号のゲスト・エディターになって、世界を変える女性15人を選び、彼女たちの写真を表紙に並べた。スウェーデンの環境活動家グレタ・トゥーンベリやニュージーランドのアーダーン首相、反人種偏見や反性差別活動家として知られる女優のジャミーラ・ジャミルなど、リベラルのヒロインたちの写真が並ぶ表紙は、実は16人の写真が入るようにデザインされていて、そのうちの1つには誰の写真も入っていない。メーガン妃は、その空きスペースは読者が自分自身の顔を入れられる「鏡」にしたと言い、読者にも世界を変える女性の一人になってほしいと説明した。しかし、実はそこにはメーガン妃本人の写真を入れる計画があったそうで、最後の最後に「自画自賛みたいになるので」と彼女自身が自分の写真を載せるのを拒否したそうだ。

これなども、ヘンリー王子の妻が政治的になり過ぎることを懸念する王室側の圧力があったのかもしれない。メーガン妃は、残留派やリベラル層には人気だが、離脱派や保守層には快く思われていない部分もある。英国社会の分断が進むいま、王室のメンバーがはっきりした政治的主張を打ち出すことは、酸いも甘いも嚙み分けた慎重な女王からすれば得策とは思えないだろう。

## でも、実は親戚

ところで、ジョンソン首相というと、そのファッションのだらしなさや髪型の何とも言えない様態などから、英国版トランプなどと呼ばれ、日本では「品がない」と思っている人も多いと思う。しかし、彼こそはエスタブリッシュメント中のエスタブリッシュメントと呼べる家柄の出身で、ロイヤルファミリーとも遠縁であることが判明している。

2008年にBBCの『Who Do You Think You Are?』（各界著名人の先祖を探る番組）に出演したジョンソン首相（当時はロンドン市長）は、父方の祖母、イヴォンヌ・アイリーン・ウィリアムズが、実はジョージ2世の末裔であったことを知り、いたく感銘を受けていた。彼はジョージ2世の10代目の子孫であり、エリザベス女王やチャールズ皇太子らと遠い親類になるどころか、ジョージ2世はドイツ生まれのハノーファー選帝侯、ゲオルク・アウグストでもあったので、スウェーデンやオランダの王室やロマノフ家など、欧州のすべての王家と遠縁になるという。

ジョンソン首相の英国王室やEUをまったく恐れていないような態度は、もしかすると、単なるポピュリストというよりも、こうした血筋から来る妙な自信に支えられてい

るのかもしれない。英国の上流階級の人々は、家柄や先祖の歴史をやたらと重んじると
ころがあるからだ。

そう考えればエリザベス女王とジョンソン首相の対立も、実は対立というよりは、む
かしからあった王族や貴族間の政治上の衝突に見えてくる。庶民が思っているほど二人
は水と油ではなく、同じ世界に住む人々なのだ。

そう考えれば、英国はまだ中世なのか、と思うようなエスタブリッシュメント支配の
構図になっているのは明らかであり、残留派のリベラルが女王を担ぎ出そうとするのも
新しい政治のダイナミズムは感じられない。そもそも残留派が、新しい政治を欲してい
るのかどうかは議論の余地はあるし、往々にしてミドルクラス的な残留派のほうがロイ
ヤルファミリーには親和性が高いのかもしれないが。

# 英総選挙を女性問題の視点から見る

## 辞める女性議員たちと、出馬する女性たち

２０２０年1月号

英ガーディアン紙の
コラムニスト
スザンヌ・ムーア

### 女性議員が辞めていく理由

英国では２０１９年12月12日に総選挙が行われた。ブレグジットの是非を最終的に国民に問う選挙とか、ブレグジットの膠着を打破するための選挙とか言われているが、保守党VS労働党、または、離脱派VS残留派の戦いをどうこうする前に、女性にとってはたいへん気がかりなニュースがガーディアン紙に掲載された。

「嫌がらせを受けて辞める女性議員の数への懸念」という見出しのその記事は、12月12日の総選挙に出馬しないと表明した女性議員たちが、議員を辞める理由として見知らぬ

人々からの嫌がらせや脅迫を挙げていると報じ、女性団体がこの事態を憂慮していると書いている。

総選挙には出馬しない意向を発表した58人の議員のうち、女性は18人だ。国会議員全体の女性と男性の割合とこの数字はだいたいマッチする。だが、もし老いた国会議員から政界をリタイアするとすれば、高齢の女性議員は少ないだけに、年齢を理由に引退する女性議員の数はずっと少ないはずだ。例えば、保守党のデータを見ても、女性国会議員が辞める年齢は男性のそれより平均して10歳若く、退職する男性議員と比べて国会議員だった期間は10年短かったことになる。

デジタル・文化・メディアおよびスポーツ担当大臣のニッキー・モーガンも、12月の総選挙には出馬しない意向を発表した。その決断をした理由の一つは、彼女が受けた嫌がらせだったという。アンバー・ラッド元雇用・年金相も12月の総選挙には立候補しないと発表したし、保守党を離脱し、チェンジUK経由で自由民主党に鞍替えしたハイディ・アレン前下院議員も、「意地の悪い中傷や脅しが当たり前のことになった」とし、もう選挙で戦う意思はないことを明かした。アレン前議員は、プライバシーの侵害と脅迫に疲れ切ってしまったと明かし、「どんな職業のどんな人も、脅迫や、攻撃的なメールの数々や、ストリートで叫ばれることや、ソーシャルメディアで罵られることを我慢させられるべきではないし、自宅にアラームを設置しなければならなくなる必要があってはならない」とその思いを吐露している。

男女平等を訴える人権団体フォーセット・ソサエティーの代表は、多くの女性議員が「嫌がらせを受けたことや、それが彼女たちの家族に与えたプレッシャー」を理由として議員職を退いていることは、非常に心配なことだと語った。

「私たちは、毒に満ちた政治から、優秀な女性議員たちが遠ざかろうとしている事実を直視しなければなりません」と事態を憂えている。

このように女性議員に対する罵詈雑言や脅迫が増えたのは、ブレグジットのせいだという声もある。離脱派と残留派の対立が深まるにつれ、両派の女性議員に対する誹謗中傷や攻撃が増えたというのだ。弱い者を集中的に攻撃すれば敵の勢力が弱まるとでも思うのか、それとも、自分とは逆の意見を唱える女性にミソジニーを爆発させているのか、この風潮が最悪の形で出てしまったのが、2016年のEU離脱をめぐる国民投票の直前に労働党の女性議員、ジョー・コックスが路上で撃たれて亡くなった事件だった。

やはり引退することを決めた自由民主党のサラ・ウォラストンもゾッとするようなことを言っている。下院議会の健康に関する特別調査委員会の議長を務めてきたウォラストンは、「私が率いてきた特別調査委員会のテーブルを見渡せば、(労働党議員の) ロージー・クーパーがいますが、彼女は実際に殺人の計画をたてられていました。(自由民主党議員の) ルチアナ・バーガーも、彼女と家族に対する脅迫の罪で6人が有罪判決を受けています」とコメントしている。

そうした攻撃や脅迫に耐えられないからと言って女性議員が政界から消えていけば、「やっぱり女性は弱い」と言われる口実を与えることになるだろう。だが、そもそも「強い」「弱い」は、政治家の良し悪しを決める基準になるのだろうか。

コラムニスト、キャサリン・ベネットは、こうした状況を皮肉り、国会議員の募集文句のパロディーをしたためている。

「求む：男性─または、女性─。ミソジニーに満ちた環境でも平気な人。強く、自信家で、不愉快なキャラクターで、口頭での罵倒、侮辱合戦、ほとんど男性ばかりの付き合いを楽しめる人。ナルシシズムの認定を受けた人は有利。エンパシーの欠如の証明は必須。あなたは無礼で社会的慣習に従わない経歴を持つ怒れる白人ですか？　そうであれば、国会議員のキャリアがあなたを待っています。基本給７９４６８ポンド（年収）から。経費支給あり。資格、推薦状、経験の必要なし」

もちろんブラック・ジョークだが、この国会議員像にいくばくかの真実があるとすれば、そりゃ「人々にやさしい政治」なんてものは、いつまでたっても幻想にすぎないだろう。

## その一方で女性候補者の数は史上最高

中傷や脅迫に辟易して辞めていく女性議員もいれば、意気揚々と新たに出馬する女性たちもいる。12月の総選挙に出馬予定の女性の数は、史上最高になり、候補者全体での女性の割合は、２０１５年の26％、２０１７年の29％からさらに増え、34％になったという。

とくに労働党は、ついに女性の候補者の数が男性より多くなり、候補者全体の53％が女性になった（前回の総選挙から11％増加）。労働党党首ジェレミー・コービンの腹心であり、影の内閣で財務大臣を務めているジョン・マクドネルは、次の労働党党首は女性でなければならないと発言している。

コービン党首は「Mrマルキシスト」と呼ばれてきたクラシックな左翼である。立命館大学の松尾匡教授が「レフト1・0」と呼ぶところの、「国家行政主導の大きな政府志向」「労働者階級主義」「生産力の拡大をめざす」1970年代ごろまでが全盛だったオールド左翼の出身であり、本人はそこからヴァージョンアップをはかっているとはいえ、彼を見ている有権者には古いイメージがつきまとう。

オールド左翼の悪いイメージといえば、労働運動の中に女性を男性と対等な立場で取り込めなかったことや、人種やジェンダー、LGBTQの問題に関して消極的だったことが挙げられる。そうした古い左翼を反省する形で出てきたのが「レフト2・0」であり、こちらは階級政治とか再分配とかいうことよりも、いわゆるアイデンティティ政治（差別や多様性の問題）に力を入れた。で、現在必要とされているのは、「レフト1・0」と「レフト2・0」の良いところをミックスし、悪いところを取り去った「レフト

3・0」であるというのが松尾教授の説である。

実際、コービン党首の側近には「レフト1・0」世代の人々も多く（ジョン・マクドネルもそうだが）、末端の労働党員でも、熱心なコービン支持者が彼のやり方に反対する女性議員に対してネットで口汚く攻撃したり、脅迫的行為を行ったりして問題になってきた。さらに、コービン自身がメイ前首相を「バカ女」と呼んだとしてミソジニー発言疑惑が起きたこともある。こうした報道が、労働党が支持を拡大するうえでのネックになってきたのは間違いない。

ならば次の党首には女性を据えるべきというジョン・マクドネルの発言は、（側近の発言にしては、これから首相の座を狙おうとするコービンに対する配慮がいささか欠けるような気はするにしても）的確な判断であり、戦略だろう。

そもそも、英国は女性指導者を輩出してきた国とはいえ、サッチャー元首相にしてもメイ前首相にしても保守党の政治家である。一方で左派と呼ばれる労働党には、前党首の死亡や辞任の際に党首代行を務めた女性たちは存在しても、まともに党員によって選出された女性党首は存在したことがない。これは偶然なのだろうか？　それとも左派の陣営には、保守派の陣営よりもいっそうぶ厚いガラスの天井が存在しているということなのだろうか。

だからこそ、ガーディアン紙の名物コラムニスト、スザンヌ・ムーアのような女性の書き手は、労働党は本気で女性のリーダーを据えるつもりなのだろうかと勘繰る。彼女は辛辣にこう書いている。

「日常的に殺人の脅迫や非常ボタンを押したくなる心境と共に生きている女性政治家に『ナンセンス』という軽蔑に値する答えを返したジョンソン首相は、ミソジニーをあからさまに武器にしているが、それが問題になっているのは右派ではない。むしろ、左派に、とくにコービンが代表するレフトには、それがはびこっている。いったん自分はモラル的に優れているというポジションを取って、反レイシスト、反セクシスト、そしてとりわけ反資本主義の立場を宣言すれば、権力者であることをやめる必要もないし、ミソジニーについて何かをする必要もない。旋律を知っていれば、その言葉で鼻歌を歌えばいいだけだ」

スザンヌ・ムーアは、コービンが代表する左派では、ミソジニーに関する自己反省よりも、トップに対する忠誠心のほうが価値あるものとして評価されていると書いている。左派の新聞の女性コラムニストにこうした記事を書かせる何かが、現在の労働党にあるとすれば、憂うべき事態だし、党の「イメージづくり」にも失敗している。保守党が2人の女性党首を輩出しているだけでなく、自由民主党もついに女性が党首の座についたし、なんとなれば英国王室だってエリザベス女王がトップだ。また、2015年に施行された王位継承法では、王位継承順位の決定に当たって性別は優先されないと定められ、弟が生まれてもシャーロット王女の継承順位は繰り下げられなかった。中道や右派では、女性の進出がきちんと形になっているのだ。

左派を自認する労働党が、この分野で遅れているのはなんとも皮肉である。

女性候補者の数が男性を上回ったいまこそ、労働党の本気度が試されている。

# 若き女性たちが率いる国が誕生

## フィンランド政治に何が起きているのか

２０２０年２月号

サンナ・マリン

### 34歳の女性首相誕生

フィンランドで、現職としては世界最年少となる首相が誕生した。しかも、それが女性なので、画期的な出来事として世界中の話題をさらっている。彼女は34歳のサンナ・マリン元運輸・通信相。２０１９年12月３日に辞任した前首相の後任を決める投票で、フィンランドの連立与党第一党である社会民主党は彼女を党首に選んだ。

さらに、現在の５党による連立政権の党首は、彼女を含めて全員が女性であり、そのうち４名は30代前半という、文字通り「若い女性たちが回す国」が北欧に誕生したのだ。

新首相に選ばれたとき、マリン首相は「私は年齢や性別について考えたことはありません。私は自分が政治の世界に入った理由について考えています。それらによって、我々は有権者の信頼を勝ち取ったのですから」と話している。

彼女はいわゆる「レインボーファミリー」で育った。母親とパートナーは同性カップルであり、賃貸アパートの部屋で二人に育てられた。子どもの頃にはオープンに自分の家族について人に話すことができなかったので、自分のことを「不可視の存在」と感じていたという。しかし、彼女の母親はいつも協力的で、その気になれば何でもできるんだと彼女に信じさせてくれた。彼女は一家の中で初めての大学進学者になったそうだ。

政界でめきめきと頭角を現し、人口20万人の都市タンペレで、弱冠27歳にして市議会議長に就任。2015年には国会議員に当選した。2019年6月から運輸・通信相を務めていたサンナには、2018年に生まれた娘がいる。

早速、リベラルの未来を担う新たな星として世界を騒がせている彼女は、34歳という年齢やそのプログレッシヴな政治理念、そして子どもがいるワーキングマザーであることから、ニュージーランドのアーダーン首相とよく比較されている。

## フィンランドは左派のユートピア？

英国の左派紙ガーディアンは、サンナ・マリン首相誕生を受け、フィンランドはヨーロッパで最初に女性参政権を認めた国（1906年）であったことを指摘し、左派にはユートピアに近い国と見なされることが往々にしてあると伝えた。ビッグ・スペンディング（国民のためにばーんとお金を使う）政府の輝かしいサンプルだからというのだ。給食までタダという徹底した無償の教育制度は英国の労働党が目標としているぐらいだし、2017年1月から2年間、ベーシックインカムを試験的に運用した国でもある。また、環境への配慮と経済成長を共に成し遂げる「サーキュラー・エコノミー（循環経済）」の旗手となる国としても注目を集めている。

さらに、5党連立政権は、2019年6月、超プログレッシヴな政策を打ち出したことで話題になった。2035年までにカーボン・ニュートラル（二酸化炭素の排出量と吸収量がプラスマイナスゼロになる状態）達成の法的目標を導入したのである。さらに、福祉とインフラの分野に大規模な財政投資を行う政策プログラムを発表して、緊縮財政を終わらせて「未来に投資する」と約束している。連立与党5党の一つである緑の党の元党首、ペッカ・ハーヴィストは、この大規模な財政支出の拡大は、気候変動の問題についても「世界で最も野心的な」取り組みになると語っており、風力・ソーラー発電事業の大幅な拡大、暖房・運輸の電気化、おもに農業廃棄物や森林残留物からのバイオ燃料の増産など、いわゆる「グリーン経済」の分野にも積極的に投資を行う。

こうした政策が可能なのは単に左派が政権を握っているからというわけではない。気候危機の問題は、フィンランドの有権者たちの最も関心の高いエリアだというのだ。前政権時代に行われた世論調査では、約80％の有権者たちが気候変動の問題について「迅速な取り組みが必要だ」と答えたそうで、70％の有権者たちが「新政権はその分野にもっと尽力してほしい」と答えたという。つまり、フィンランドで有権者の人気を得ようとすれば、グリーンな政策を打ち出す必要があるのだ。

中道右派の前政権は、緊縮財政を推進し、財政支出を削減してフィンランドの負債を減らすことに成功した。しかし、多くの欧州国がそうであるように、こうした政策は有権者たちには人気がなかった。

緊縮マインドからなかなか抜け出せない国からすれば、羨ましいことこの上ないが、フィンランドの人々は、ばーんと財政支出を行う「大きな政府」が、環境などの未来の世代のために必要になる分野に投資を行って、積極的に未来に打って出る、というポジティブな政治を欲していたのだ。

そのリーダーが現職最年少の女性首相かと思えば、世界の左派に胸を躍らせるのをやめろと言うのは無理な相談かもしれない。

## フィンランドのフェミニズム

とは言っても、女性のリーダーが誕生したからと言って、その国が全方面でプログレッシヴということにはならない。英国の場合は、過去2人いた女性首相はどちらも保守党だったし（サッチャー元首相とメイ元首相）、ドイツのメルケル首相も保守的なキリスト教民主同盟の政治家だ。さらに言えば、フランスの国民連合（旧国民戦線）を率いるのがマリーヌ・ル・ペンであるように、欧州の極右政党で多くの女性指導者が誕生していることも昨今取り沙汰されている話題である。

女性の有権者や政治家が必ずしもリベラルだったり、社会民主主義的な政治思想を持っているわけでもない。例えば、米国では白人女性の53％がトランプ大統領に投票していたことがわかっている。

しかし、そのトランプ大統領や英国のジョンソン首相、ハンガリーのオルバン首相など、マッチョな「強い男」系の指導者がやたらと目につく一方で、サンナ・マリン首相やニュージーランドのアーダーン首相（さらに言えば、気候変動対策を求めるスクールストライキで注目を集めたグレタ・トゥーンベリ）など、若い女性のリーダーたちが目立ってきたのは、その反動ではないかとも考えられる。

フィンランドはとりわけジェンダー平等の問題については進んだ国だというプライドを持ってきた。フィンランドは、「he」と「she」に代わるジェンダー・ニュートラルな代名詞「hän」を世界に輸出しようとしてきたぐらいだ。

が、それにしても、社会民主党、中央党、緑の党、スウェーデン人民党、左派連合と5党連立政権の党首がすべて女性となれば、これはもう新たなレベルに達していると言える。この目覚ましい女性の地位の向上は、もちろんヨーロッパでいち早く女性参政権を導入したりしてきた歴史もあるが、ワークライフバランスを重視する政策に起因するところが大きいという。寛大な育児休暇やチャイルドケア費用の公的援助など、子どもを持つ母親が働きやすい環境を整えてあるだけでなく、男性の育児参加もしやすいところが女性の社会進出を促しているというのだ。

『フィンランド流　イクメンＭＩＫＫＯの世界一しあわせな子育て』の著者でもあるミッコ・コイヴマーは、フィンランドの国をあげての家庭生活への取り組み、つまり、働きすぎず、家族がチャイルドケア費用を払ってもまだ余裕をもって暮らしていけるようにしたことが、フィンランドの最大の強みであり、様々な社会指標ランキングでフィンランドが上位に入る理由だという。

「だから僕はこの国とその制度が好きなんです。それは大きく幸福に寄与していると思います」

コイヴマーは英紙ガーディアンにそう話しており、党首全員が女性の連立政権が誕生したのも当然の結果だと言う。

「（党首が全員女性の連立政権は）人目を引きます。でも、それについてはあんまり考えませんね。ただ賢い人たちが相応しい地位についただけです」

とコメントしている。

マリン首相本人が、自分の性別や年齢は関係ないと発言しているが、実際、大半のフィンランドの人々も同じ考えのようだ。他の国なら、女性の政治家は、母親としての仕事と政治のバランスをどう取っているかという質問を必ずされるが、いまのところ彼女にはそうした質問をされた形跡もない。

## とはいえ、フィンランドがバラ色なわけではない

こう書いてくるとフィンランドは女性にとってバラ色の国に思える。が、どんな国もそうであるように、フィンランドにもダークサイドはある。

なぜかDVが多いらしいのだ。

これだけジェンダー平等が進んでいる国が、なぜか虐待やパートナー殺人に関する数値となると、ヨーロッパでも最悪の国の一つなのである。欧州基本権機関の調査の結果、15歳の時から現在までに肉体的または性的暴力を経験したことがあると答えた女性はな

んと47％で、調査対象国28国のうち、フィンランドより高い数字を示したのはデンマークだけだった。

ジェンダー平等が進んでいるはずの国における大いなる矛盾と言えるが、むしろそういう国だからこその現象なのだという見方もある。

「これは逆説的です。ジェンダー平等が進めば、完全な平等が達成されているという幻想も生まれ、さらなる政策は不必要だとか、やり過ぎだとか、考えるようになる」

フィンランドの女性弁護士が英紙ガーディアンにそう話している。

「歴史的に、フェミニストの運動は、女性の個人的尊厳よりも、女性の経済的独立に重きを置いてきました」

という彼女の言葉が何よりも印象的だ。

子どもを産んでも働きやすい環境を整え、女性が社会進出して経済的に自立できる環境をつくってきた国が、個人としての女性の安全を守る方策は取って来なかったというのである。これはなかなか重い発言だ。

また、フィンランドは「同意なき性行為は違法」とする法制定も済んでおらず、まだ準備の段階だという。2017年には、警察に通報されたレイプ事件のうち、17%しか有罪にならなかったそうで、レイプが刑罰に結び付かないことがフィンランドでは多いと、アムネスティ・インターナショナルも警告している。

最も女性が進出している国が最も女性に暴力的な国の一つというのは皮肉な現実だが、これはいかにも現代という時代を象徴していないだろうか。21世紀になって#MeTooのような運動が立ち上がってきた背景をフィンランドは体現しているのだ。

# スコットランド独立の悲願

## ニコラ・スタージョンの逆襲

２０２０年3月号・4月号

ニコラ・スタージョン（中央）

### そしてスタージョンだけが残った

英国労働党が壊滅的な敗けっぷりを見せた２０１９年12月の英国総選挙。うなだれる労働党党首ジェレミー・コービンとは対照的に、スコットランドではＳＮＰ（スコットランド国民党）の党首ニコラ・スタージョンが歓喜する映像が繰り返しテレビで放送された。

むかし『ヨーロッパ・コーリング』という本を出したことがあり、それは「Yahoo!ニュース　個人」というサイトに書いていた記事を集めたもので、２０１４年から２０

15年にかけての英国と欧州の政界の動きを書いたものだった。

この2年は、「反緊縮派」と呼ばれる政治勢力が欧州で台頭してきた時期だった。それまでとは違う国の経済の在り方を訴える新タイプの左派勢力が急速に支持を広げ、欧州政治に旋風を巻き起こしていた。『ヨーロッパ・コーリング』の各章の扉にはそうした新勢力の指導者たちの写真が使われていて、第一部はスコットランドのSNP党首、ニコラ・スタージョン、第二部は英国労働党のジェレミー・コービン、第三部はスペインのポデモスの党首、パブロ・イグレシアスだった。

あれは2016年に出版された本であり、あの頃からは様々なことが変わった。

ポデモスは中道左派の社会労働党と連立を組み、いまやスペイン与党である。「左派はピープルのツールにならなければ」と拳を握って吠えていたイグレシアスは、いまでは副首相の地位にある。が、彼の政党、ポデモスに一時期の勢いはない。どうせ社会労働党と連立を組むのならもっと早い時期にそうしておけば、スペインの新興右翼政党ボックスの台頭を防ぐこともできたはずだと批判されているし、実際、2019年11月の総選挙でポデモスは42議席から35議席に減らし、代わりに移民排斥などを掲げるボックスが52議席を獲得して第三政党に躍り出ている。

イグレシアスはポデモス幹部であるパートナーの女性と子どもたちのために60万ユーロの豪邸を購入したときに、党内から大批判を受けたこともあった。それがマスコミに報道されてイメージダウンに繋がったり、ポデモス結党時からの盟友であるブレーンたちが続々と離党したりして、党内のゴタゴタも絶えなかった。「ポデモスはもう以前のポデモスではない」とスペインに住むわたしの姪も言っていた。

そしてコービンは、12月の総選挙での英労働党の大敗北の責任を取って辞任する。次の党首が決まるまで続投するという彼の決断には、「あれだけ負けたらふつうは総選挙直後に辞任するのに、恥知らずだ」という厳しい声も上がっていた。

こうした状況を見ていると、月日の流れの速さを感じずにはいられない。はっきり言って
『ヨーロッパ・コーリング』でわたしが熱く紹介した欧州の反緊縮左派は、こぞってジリ貧である。

が、あの本のそれぞれの章の扉を飾った政治家の中で、1人だけまだ気焔を上げている人物がいる。労働党とは正反対に総選挙で大躍進を果たし、またもや英国政治のど真

ん中に戻ってきたニコラ・スタージョンだ。

あの3人の写真の中で「これは政治家だと思う顔をしているのは1人だけ。それはスタージョン」と言っていた日本の新聞記者の言葉を思い出す。

## 女たちのバトルを制して

12月の英国総選挙の後、YouTubeで流行った動画がある。「スタージョンの〝喜びすぎ〟映像」だ。自由民主党の女性（元）党首ジョー・スウィンソンが出馬したスコットランドの選挙区で、SNPの無名の候補者が彼女に149票差で勝ったことがわかったとき、スタージョンはSKYニュースに生出演すべくグラスゴーでスタンバイしていた。そのとき、すでにカメラが回っていることを知ってか知らでか、スタージョンは我を忘れたように大興奮して満面の笑みで何度もガッツポーズを取って見せた。この姿がニュースでそのまま放送されたのだ。

まるで意地の悪い子どものような悪戯っぽい顔で「してやったり！」と言わんばかりの喜び方をするスタージョンを見ていると「この人、ほんとに気が強いな」と思ったが、ここに辿り着くまでには彼女も山あり谷ありの茨の政界道を歩いてきた。似たようなタイプの、チャキチャキの女性リーダーだったスコットランド保守党の元党首、ルース・デイヴィッドソンにお株を奪われてすっかり影の薄い時期もあった。同性愛者であることをカムアウトし、同性パートナーとの間に子どもをもうけたデイヴィッドソンは、保守党とは思えないほど進歩的な部分があり、その庶民的な人柄も相まってどんどん人気を集め、スタージョンを過去の人のように見せた。

さらに、EU離脱支持なのか残留支持なのかスタンスがはっきりしなかった労働党党首ジェレミー・コービンに痺れを切らし、労働党から残留派の人々の気持ちが離れていくと、自由民主党初の女性党首スウィンソンが彗星のごとく登場した。彼女がリベラル勢の新たなスターのように扱われ始めると、同じEU残留派とは言え、スコットランド独立を訴えるナショナリストのスタージョンのほうが「古いタイプ」に見えてきた。スウィンソンの選挙区もスコットランドであり、彼女はスコットランド独立には反対の生粋のリベラルだった。

しかし、ルース・デイヴィッドソンは、家庭の事情を理由にスコットランド保守党の党首の座を退いた。そしてスウィンソンは、労働党を攻撃しすぎて残留派を分裂させている印象を与えたのか、それともスタージョンやデイヴィッドソンのような気さくな印象がないキャラのせいで嫌われたのか、一般有権者の間では人気が出なかった。

結局、この熾烈な女たちのバトルを制し、最後に笑っているのもスタージョンなのだ。そりゃガッツポーズの一つも取りたくなるだろう。

## EU離脱が追い風に

EU離脱の国民投票で離脱派を率いたボリス・ジョンソンが首相に就任して以来、スコットランドでは再び独立を求める声が高まっている。エディンバラで2019年10月、グラスゴーで11月と連続して独立を求める大規模デモが行われて話題になり、11月にはスタージョンがメインスピーカーとしてデモに参加している。

彼女がスコットランド独立を求めるデモに参加したのは独立の是非を問う住民投票が実施された2014年以来初めてのことで、いまや、「我々の目標は手の届く距離まで来た」と彼女は語ったという。

どうして英国のEU離脱が真実味を帯びるとスコットランドの独立が近づくのかといえば、スコットランドはEU残留派が多いからだ。つまり、英国がEU離脱すれば、スコットランドは独立すべきだと考えている人々に加えて、EUに残留したい人もスコットランド独立を支持するようになる。独立派のSNPが、総選挙でも、スコットランド59議席のうち48議席（前回選挙から13議席増）を獲得するという圧倒的強さを見せたのも、当然ながらこれと無関係ではない。

だからこそ、総選挙の1週間後、スタージョンは英政府に対し、2度目の独立住民投票を行う権限をスコットランド議会に委譲するよう求めた。彼女は、総選挙でのSNPの大躍進を、スコットランド住民の「民意を得た」と理解して、2020年後半の住民投票の実施を目指して動き始めている。

思えば、2014年のスコットランド独立をめぐる住民投票では、SNPが「民族的ナショナリズム」と「市民的ナショナリズム」は別物だというコンセプトを掲げて戦い、そのことは、現在、世界中でその在り方が問われている「ナショナリズム」という概念を揺さぶりにかかった出来事だったと言える。スコットランド独立は、その後、BRE

XIT（ブレグジット）をもじってSCOXIT（スコグジット）と呼ばれるようになり、英国がEUから離脱するのなら、スコットランドも英国から離脱するという意味で使われるようになった。

スタージョンは、総選挙で地滑り勝利を手にした後、

「ボリス・ジョンソンにはイギリスをEUから離脱させる権限はあるが、スコットランドをEUから離脱させる権限は断じてない」

と強気で宣言している。

「独立」というと「不当に他の国家の支配下におかれている国が自らの統治権を取り戻す」みたいな印象があるが、「離脱」という言葉には、国際的な統合体から抜けるという内向きな響きがある。が、スコットランドの人々は堂々と「スコグジット」という言葉を使っている。なぜなら、英国からの離脱がEU残留を意味するのなら、それは内向きな決断ではないからだ。

そもそも、スコットランドの独立したい理由が左派にも正当なものとして捉えられていたのは、スコットランドはむかしから労働党の牙城だった地域で、社会民主主義が強

い場所だったからだ。だから、サッチャー、ブレア以降の新自由主義に傾いた英国の政治の在り方と、スコットランドは体質的に合わない。それを主張して力を持つようになったのがSNPであり、ナショナリズムを強く打ち出している点以外は、核軍縮、ヘイトスピーチへの厳しい姿勢、貧困・労働問題への取り組み、環境問題への熱心さ、反緊縮（最近はそうでもないようだが）など、保守派とは呼べない理念を持っている。SNPは、左に振れ切っていた（そのくせEU離脱への態度は曖昧にした）コービン労働党と対照的で、（スコットランド独立をブレない目標に据えながら）中道左派であるように印象づけようとしている。

実は、広く有権者にアピールしたいコービン労働党も中道左派的なイメージを狙っていたのだ。だからこそ、EU離脱派にも支持されるよう、ブレグジットに対する姿勢を最後の最後まで明らかにしなかった（で、残留派の票を自由民主党に奪われるのを懸念して残留の立場を明確にしたとたん、北部の離脱派の労働者たちから「裏切り者」と呼ばれた）。

しかし、SNPの場合、独立をブレずに訴えているのでナショナリストの支持も固いし、ＥＵ離脱が近づけば近づくほど、リベラルな人たちも「やっぱりもう独立するしかないか。ジョンソン首相の英国に留まるより、ＥＵに留まるほうがずっといい」と考えるという、両方からウィン・ウィンの状態だ。

風はふたたび、明らかにスタージョンに有利な方向へ吹いている。

## 二つの主権

sovereignty（主権）。

２０１６年にＥＵ離脱の是非を決める国民投票が行われたとき、この単語は流行語と言ってもいいほど英国で使われた。「国家の主権を取り戻せ」というのがＥＵ離脱派の言い分であり、それをわかりやすく応用したスローガン、「Take Back Control（コントロールを取り戻せ）」が海外でも有名になった。

しかし、主権をめぐる議論は何もＥＵ離脱の問題から始まったのではない。その2年前に行われたスコットランド独立の是非を問う住民投票でも、44・６５％のスコットランドの有権者が英国からコントロールを取り戻すほうに一票を投じた。２０１９年12月の総選挙で保守党が大勝すると、スコットランド首相のニコラ・スタージョンは、独立住民投票を再実施する権限をスコットランドに委譲してほしいとジョンソン首相に求めた。現在のところ、英国議会がそれを承認しない限り、スコットランドは自分たちで勝手に独立住民投票を実施することはできないからだ。

この要求に、ジョンソン首相は手紙でこう答えた。この手紙はメディアにも公開されており、こんなことが書かれていた。

「親愛なるニコラへ。（中略）さらなる住民投票を許可する権限を英国議会からスコットランド議会に委譲することを提案する議論について、私は注意深く考慮し、留意しました。あなたとあなたの前任者は、２０１４年の独立投票は『一つのジェネレーションに一度』の投票であると個人的に約束していました。スコットランドの人々は我々の連邦王国を分裂させないという約束を断固として選びました。その結果を遵守することを、エディンバラ協定でスコットランドと英国の議会の双方が誓っています。英国政府は、スコットランドの人々の民主主義的な決断と、あなたが彼らにした約束を今後も守り続けます。こうした理由により、さらなる住民投票の実施に繋がるだろう権限の委譲の要求には私は同意できません」

しかし、「親愛なるニコラ」は、ただちにこの返事への怒りの声明を発表した。

「トーリー（保守党）はスコットランドが自分自身で未来を選ぶ権利を恐れている。なぜなら、それを与えられたら私たちは独立を選ぶ確率が非常に高いと知っているからです」「この反応は驚くべきものではなく、……実際、私たちは予想していましたが、有効ではありません。スコットランドの人々が自分たちの未来を決める権利を妨げ、独立をめぐる住民投票への明らかな政治的要求をブロックしようとすることは、どのような英国政府にとっても政治的に持続できることではありません」と書かれている。

また、「英国政府が抱える問題とは、彼らが住民投票をブロックしようとする期間が長くなればなるほど、英国という連合におけるパートナーシップは平等なものではないのだということを露呈し、独立への支持が高まることです」という脅しの文句もさりげなく入れた。

## スタージョンの挑発

スタージョンの政治家としての原点は、サッチャー革命で多くの炭鉱が閉鎖になり、スコットランドに失業者が溢れた時代にある。1970年生まれの彼女は、製造業から金融・サービス業へと国内産業の重点をシフトさせたサッチャリズムの犠牲になり、職を失って失業保険事務所に並んでいた多くの大人たちを見て育った。そして、スコットランドは英国の新自由主義とは別の道を行くべきなのだと確信し、16歳でSNP（スコットランド国民党）に入党したのである。

彼女にとってスコットランド独立は、10代の頃からの夢であり、目標であり、悲願である。EU離脱によってそれが手の届く位置に近づいて来たように見える今、スタージョンがおとなしく指をくわえて見ているわけがない。2020年1月に行われたYouGovの世論調査では、スコットランド独立を支持する住民の数が50%を上回った。こうした世論の追い風もあり、スタージョンはジョンソン首相をしきりに挑発している。

「彼らが必死で私たちの権利を否定しているのは、敗北を恐れているからです」

1月末にはエディンバラでこうスピーチし、

「我々は（彼らの態度に）励まされるべきです」

という不敵なジョークまで飛ばしている。

スタージョンが英国議会からスコットランド議会への委譲を求めているのは、二度目の住民投票を行う権利だけではない。彼女は、移民の受け入れの制限についても、スコットランドはスコットランドの方針で独自に決定する権利を与えて欲しいと要求している。

ブレグジット後の英国は、以前より厳しく移民を制限する政策を取ると決めているが、スコットランドはフレキシブルに移民を受け入れる「スコティッシュ・ビザ」を発給したいと彼女は提案する。スタージョンは、ＥＵ圏からの自由な移民の受け入れをやめることは英国全体にとってダメージになると発言しているが、ことにスコットランドでは、その影響が大きく出るだろうと考えている。スコットランドでは少子高齢化が進み、経済も公共サービスの運営も英国の他の地域や海外からの移民たちに依存する部分が大きいからだ。人口統計の予想によれば、２０１８年にはスコットランドの全人口の19％だった年金生活者が２０４３年には23％になっているそうで、２０４３年までに英国全体の人口は９％増加するが、スコットランドでは人口が減少する予測になっている。

とはいえ、スコットランドは無限に移民を受け入れるというわけではなく、数の上限は設けるようだが、それは英国政府との協議のうえで決定することになっていて、具体的な数字は挙げられていない。

「原則として、（移民受け入れの）システムはできるだけオープンでフレキシブルなものになります」

とスタージョンは語っており、こうした政策について発表することも、スコットランドに住むEU残留派たちのハートを摑む狙いによるものであることは間違いない。

実際、スタージョンのやり方が巧妙なのは、英国の枠の中での政治については「英国から主権を取り戻す」とまるでEU離脱派のようなことを主張して独立派の支持を維持しながら、英国の外の問題になると「私たちはよりオープンでリベラルな国を目指すのです」とEU残留派の支持もがっちり摑んでいる点である。

SNPとニコラ・スタージョンは、ナショナリストとリベラルの両方から支持されるという、非常にユニークな立場を獲得しているのだ。

## パラドクスとカメレオン

1990年代後半から2010年まで英国で労働党が政権を握っていたとき、2000年代半ばの労働党にとって最大の課題となったのは「新しいイメージ」を打ち出すことだった。「ニュー・レイバー（新しい労働党）」と銘打ってきた労働党政権が、10年も経つとちっとも「ニュー」には見えなくなったからである。

同じことはSNPにも言える。スコットランド自治政府で政権を握ってからすでに13年が過ぎている。スタージョンが前任者から首相の座を引き継いでからは5年だが、それでも彼女の後を継ぐ新世代を代表する顔が欲しいところである。

しかし、スタージョンの後継者と見なされていたスコットランド自治政府の財務大臣、デレク・マッケイはスキャンダルのため辞任に追い込まれたばかりだ。彼がSNSで「グルーミング（子どもやティーン、弱い立場にある人などに、性的虐待を目的として近づき、信頼を得ようとするプロセス）」と見なされるメッセージを6カ月にもわたって16歳の少年に送り続けていた事実が判明したからだ。その中には「正直言って、君は本当にキュートだと思う」というメッセージもあり、その少年と会おうとしていた事実も明らかになっている。

　また、スタージョンの前任者であり、彼女を育てた政治家とも呼ばれるアレックス・サモンド元首相が2019年1月に逮捕・訴追されており、こちらは強姦未遂2件、性的暴行9件、暴行2件、治安妨害1件の計14件の容疑をかけられ、一大スキャンダルに発展している。本人は「徹底的に戦う」と宣言しているが、SNPは「性的な暗闇を抱えた政党」というイメージがついてしまったのは否めない。

　これだけの党関係者のスキャンダルで世間を騒がせながら、それでもSNPの支持率は低くなく、スコットランドでは他党を圧倒している。これには二つの理由がある。

　一つは、スコットランド独立を目指す政党だからである。そして二つ目は、他の政党に勢いがないこと、特にこれといった政治リーダーがスタージョン以外には存在しないことが挙げられる。目の上のたん瘤だったスコットランド保守党のルース・デイヴィッドソンが党首の座を退いて以来、スタージョンに匹敵するような強い政治指導者はスコットランドにはいない。

　独立の悲願を掲げるナショナリストであり、男性関係者の性的スキャンダルが相次げばマッチョなイメージもつき、「右翼的」と言われてもしかたのない政党でありながら、SNPがスコットランドで安定した勢力を保っているのは、指導者のスタージョンが女性だからだという説もある。

スコットランド独立のストラテジストはニュー・ステイツマン誌にこう話している。

「超がつくほど重要なのは、男性たちのふるまいによって、人気のある女性指導者が仕事を奪われないようにすることです」

愚かな男性たちの過ちによって女性リーダーが潰されてはいけないという文脈が、SNPとスタージョンの武器になっているのだ。男性議員たちの「性的虐待」や「グルーミング」疑惑という#MeToo時代には許されざるスキャンダルを抱えながら、現首相が人気のある女性だということでSNPは難なく危機を乗り越えているのだ。

このようにSNPは様々なパラドクスを抱えた政党だが、その矛盾が存在するからこそ勢力を落とさない。ナショナリストに見えたり、グローバリストに見えたり、マッチョに見えたり、フェミニストに見えたりする。背景によって巧みに色を変えるSNPの姿を「タータンチェックの敷物の上のカメレオン」と呼んだ記事を読んだことがあるが、言い得て妙かもしれない。そしてスタージョンの強さは、変える色の選択を間違えないところなのだ。

# 日本の右派女性議員をウォッチする

## 自民党のメルケルになれるのは誰なのか

2020年5月号・6月号

稲田朋美

### お茶汲み問題の日英報道のギャップ

埼玉県議会の常任委員会などで、女性職員がお茶を出す慣例が廃止になった。日本の「朝日新聞」は2020年2月20日付の記事でそれを伝えた。

「女性が県議にお茶出し」廃止　埼玉、専従で7人雇用

自分のお茶は自分で——。埼玉県議会の常任委員会などで、女性職員らが委員の県議にお茶を出す慣例が廃止されることになった。この慣例のために県は、お茶出

しだけを担当する臨時職員の女性を7人雇っていた。経費削減などの理由から、自民党県議団が13日の会派代表者会議で提案し、他会派も同意した。

議会事務局によると、お茶出しの臨時職員は「日々雇用」という日雇いで、企画財政、総務県民生活など八つある常任委員会と特別委員会で、出席した委員と県の部長にお茶を出す。これまで、委員会が中断するたびに女性たちが慌ただしくお茶を取り換えて回る場面もあった。人件費は県臨時職員の取り扱い要綱に基づく日当で、2018年度は計約37万円だった。

20日開会の2月定例会から、県議は各自で「マイボトル」やペットボトルを持ち込むことに。自民党の小島信昭団長は「お茶出しのために女性を待機させているのが時代に合うのかどうか、以前から議論になっていた。必要な人は、それぞれ自分で対応しましょうということだ」と話した。(長谷川陽子)

さて、これを英国の新聞はどう伝えたのか。ガーディアン紙の記事を見てみよう。

日本の県が「ティー・スクワッド」の雇用を止める

地方自治体の議会が、ミーティングでお茶汲みをする女性を雇う慣習を終わらせることによって、日本の保守的な職場環境を改革しようとしている。

女性の被雇用者たち——オチャクミ（ティー・スクワッド）という呼称で集団的に知られている——が、常に男性の目上の同僚たちの前にグリーン・ティーのカップを置くまで（しばしば甘いお菓子も添えられているが）、日本の公式な集会のほとんどは本格的に始まらない。

しかし、東京の近くにある埼玉の地方自治体議会のメンバーたちは、93人の委員——そのうち女性は14人だけ——とその他の上級の役人たちが出席する委員会でお茶汲みをする7人の臨時職員の雇用を廃止すると決めた。

朝日新聞によれば、この動きは、伝統的なジェンダー・ロールに挑戦する願望だけに基づいているというわけではなく、先月、コスト削減の方法を検討する会議で決まったという。

このように始まるガーディアン紙の記事は長文だが、「しかしながら、この議会の例が、『オチャクミ』の終わりの始まりになる可能性は低い。その多くはふつうに雇用された『Office Ladies』であり、彼女たちの業務には同僚のお茶を注ぐこと以外のことも含まれているからだ」との指摘があった。

これはなかなか鋭い考察だ。埼玉県議会の委員会でお茶出しをしていたのは、そのためにだけ雇われた臨時職員だったのだから、地味系のイベントコンパニオンと言えないこともない。もちろん、コンパニオンの多くが女性というジェンダー・ロールの問題はあるが、しかし、コスト削減でコンパニオンが切られる話はよくあることだ。お茶出しをしている女性だって、何をする仕事かわかって雇われているのだろうから、ウエイトレスの延長線上と言えないこともない。それを、悪しき日本の職場カルチャーと言われると、もっと大事なポイントが見失われているのではないかと思わずにいられない。

日本の職場での問題は、女性が男性にお茶を汲むということ以外に、むしろ女性はお茶を汲みながら別の仕事もこなしている、という点が重要なのではないか。つまり、なんで女性ばっかりそんなにあれもこれもやらなければいけないのかということだ。

数年前まで、わたしは英国でオフィスシェアをしていたことがある。そのときに気づいたのは、英国人というのは「ティーを飲む」文化があるので、自分がキッチンに飲み物をつくりにいくとき、必ず周囲にも「Would you like a cup of tea?」と声をかけるということだ。もちろん、それは5人とか6人とかの小さなオフィスだったからであり、大人数になったらそんなことは誰もしない。しかし、シェアしていたオフィスでは、みんな他人の分もティーやコーヒーをつくった。これは英国版のお茶汲みだな、と思ったのでわたしなど最初は頑なに拒否して「自分の分は自分で作るから」と孤高の人になっていたが、そのうち雰囲気に負け、人に頼んだり、頼まれたりするようになった。ジェンダーに関係なくみんなそうしたので、別に嫌な気分にはならなかった。つまり、不平等感がなかったのだ。

なぜ女性だけが仕事以外のこともこなすよう期待されているのかという問いとそれに付随する怒りは日本の既婚女性たちにも渦巻いているように見受けられる（仕事と家事と子育てなど）。むしろこちらの「なぜ女性にだけいくつも仕事があるのか」問題のほうが「女性がお茶汲みをする」こと以上に根深い気がして、英国の新聞がそれを指摘しているのはごく当然のことだと思った。

## 総理にしてはいけない政治家

2019年、「週刊ポスト」が政治家OBや政治学者、評論家、ジャーナリストなど30人を対象に、「令和の総理にしてはいけない政治家」のアンケート調査を行った。「総理にしてはいけない政治家ランキング　2位に枝野氏と茂木氏」という見出しだったので、1位になったのは誰だろうと思って読んでみると、意外な政治家がトップをゲットしていた。自民党幹事長代行の稲田朋美である。しかも2位の枝野、茂木両氏の倍の票を集めている。石原伸晃、岸田文雄、菅義偉、石破茂、小泉進次郎などの面々をぶっちぎりで抑えて1位に選ばれている。のだが、正直、それ以外の政治家たちと違って、彼女はリアルな「ポスト安倍」候補と見なされているわけではないだろう。別に放っておいても総理になる可能性はなさそうなのに、わざわざ1位に選ばれたのはなぜだろう。

「タカ派のマドンナ」と呼ばれてきた稲田は、安倍首相のお気に入りとして出世街道を突っ走ってきた。が、防衛大臣任期中に防衛省不祥事の迷走答弁で事実上の更迭。「思想的理由で安倍首相の特別な庇護を受け、首相候補に育てようと抜擢されながら、行政組織の掌握でも、社会的な説明責任の点でも、とても政府のトップの器ではないことを露呈した」と「週刊ポスト」の記事中で愛知大学地域政策学部の後房雄教授が指摘している。

稲田は弁護士時代に、南京百人斬りの報道をめぐる名誉毀損裁判で原告側の弁護団を務め、毎日新聞や朝日新聞、本多勝一らを相手に戦った。この裁判をきっかけに一躍右派のマドンナとなったわけだ。しかし、安倍首相とネトウヨにサポートされてきたとはいえ、石破、菅、小泉進次郎などと違って、次期首相になったらどうしよう、と本気で思っている人が識者の中にいるとは思えない。単に嫌われている（またはバカにされている）というほうが近いのではないか。もちろん、わたしは彼女の政治思想に共鳴することはまったくないが、失言で失敗しているのにもかかわらず、首相から贔屓にされている政治家なら彼女のほかに何人もいる。なのに彼女だけがこういうリストでぶっちぎりの1位になるのは、個人として「無能である」「過去に大きな失敗をした」ということに加え、「女性である」というハンディもあると考えるのが妥当ではないか。職場で、家庭で、女性だけが仕事以外のことまでしなければならないのと同様、女性だけが能力以外のことでもハンディを負わされてしまうのだ。

仕事もハンディも、女性が持たされるのは複数。まだまだ道のりは遠い。

## 自民党の右派マドンナたち

昨年、東京にいたとき、某ラジオ局の控室で出番待ちをしていると、番組中のニュースが流れていた。

「恥を知りなさい！」

ドスのきいた口調で国会で演説している女性議員の声が聞こえ、それが「金八先生」の三原じゅん子の声と知らされたときにはわたしはぶっ飛んだ（というか、椅子からずり落ちて手を叩いて笑った）のだったが、この人もいまや政治家となって右派のマドンナ的ポジションを獲得していると教えられた。いやまあすごいなと思ったんだけれども、彼女はこう言ったのだった。

「民主党政権の負の遺産の尻拭いをしてきた安倍総理大臣に感謝こそすれ問責決議案を

提出するなど全くの常識外れで、愚か者の所業とのそしりは免れない」

まるでツイッターでその筋の思想を持つ方々が書くような文章で、とても21世紀の日本を生きている人間が話し言葉として発したものとは思えない。シュールだった。

「新潮45」問題で有名になった杉田水脈や稲田を含め、自民党には安倍首相がお気に入りの右派女性議員が何人かいるらしい。女性が政治家として成り上がるには、時の権力者の「推し」になるしかない、みたいな古典的「女の出世道」を彼女たちは歩んでいるのだ。ドイツのメルケル首相も、長い間、ドイツの再統一を成し遂げたヘルムート・コールという超大物政治家の秘蔵っ子としてかわいがられた人だった。コール元首相のような歴史に残る国際的政治家の懐刀として育てられたメルケルが、やはりEUを支配した大物首相として歴史に名を残していることを思えば、政治家のスケールの規模はそのまま継承されるものなのね、と思ってしまう。

しかし他方で、メルケルがいまの地位を築くことができたのは、コール元首相の「お気に入りの娘」のようにして目をかけられ、育てられながらも、見捨てるべきときにはさっさと彼を切り捨て、むしろコール元首相の失態を逆手に取って彼を大々的に批判し、それを利用してキャリアの梯子を駆け上がったからである。

いま、安倍首相の「推し」として引き立てられている日本の自民党女性議員たちの中に、このときのメルケルのような野心と冷酷さと度胸を持ち合わせた政治家は果たして存在するのだろうか。

## 「おじさん政治をぶっ壊す」

２０２０年３月19日付の産経新聞に「『おじさん政治ぶっ壊す』　女性政策推進へ自民稲田氏」という威勢のよい見出しが躍った。記事の内容はこうである。

自民党の稲田朋美幹事長代行は19日、ＴＢＳのＣＳ番組収録で、自身が取り組む女性政策の推進に向けて「党の『おじさん政治』をぶっ壊す」と決意を表明した。男性議員を中心に伝統的価値観を重んじる党の変革を訴える狙いとみられる。

これ、単に「おじさん政治を壊す」と言っているのではなく、「党の『おじさん政治』

になっているところに注目したい。日本の女性議員の数の少なさや、女性が指導者になりにくい現実はいまさら言及するまでもなく、世界中のメディアが折りにふれ報じていることである。もし、稲田が本気でこの問題と闘うつもりなら、単に「おじさん政治」をぶっ壊します、と言うだろう。それなのに、わざわざ「党のおじさん政治」という限定的な表現になっているのはなぜだろう。

彼女がこうした目立つ発言をするたびに、すぐツイッターに投稿されて茶化すネタに使われるのが、2013年9月にフランスのパリで開かれた日本文化を紹介するイベント「Tokyo Crazy Kawaii Paris」での写真だ。クールジャパン戦略担当大臣として稲田が出席したときのショットである。稲田はこのとき、黒地にピンクのふわふわフェザーがあしらわれた、ゴスロリアニメに登場する少女のようなベビードール風ワンピで記者会見を行ったのである。

安倍首相が秋葉原を自らの支持層の重要拠点と見なしていることはよく知られている。秋葉原電気街口は彼の演説の「聖地」とメディアも表現する。彼のクールジャパン戦略でも「秋葉原」は一種のブランドとなり、重要な役割を果たしていた。平成26年の経済産業省の資料を見れば、「『大きく稼ぐ』クールジャパン戦略の全体像」というタイトルのページに、「1．日本ブーム演出 ↓ 2．現地で稼ぐ ↓ 3．日本で消費」という3段階の仕組みが示されており、売りたいコンテンツの中に、「秋葉原（オタク層）」というキーワードすら書き込まれている。

つまり、安倍首相に目をかけられ、クールジャパン戦略担当大臣という重要任務を与えられた稲田は、彼の「聖地」を象徴する姿で記者会見を行い、秋葉原を世界にアピールしたのである。自主的にやったのか、それともどこからかプレッシャーがかかっていたのかはわからないが、いずれにしても彼女が本心から喜んでこの格好をしたとはあまり思えない。当時、稲田は54歳である。もちろん、何歳になっても着たい服を着て良いのだが、稲田が本当にこういうファッションが好きだとすれば、以前から普段着のゴスロリ姿をたびたび目撃されているはずだろうし、いろいろな人生経験を経た元弁護士の政治家であれば、あんなにふわふわでヒラヒラの格好をしたら、どのような反応が世間から返ってくるかはわかりきっているはずだ。もしも、「本当は嫌だったのに私はあんな格好さえ安倍さんのためにしたのだ」というわだかまりが彼女の中に1ミリでもあるとすれば、何かあるたびに拡散されるあの写真は彼女の心を引っ掻いているはずだ。それは「党の」おじさん政治をぶっ壊したい気分にもなるだろう。

## 道義国家とLGBT

2010年4月（民主党が政権を握っていた頃）放映の『西部邁ゼミナール』という番組に、安倍晋三と稲田朋美、そして自民党議員の西田昌司の3人がゲストとして招かれたときの動画がある。稲田と西田が安倍の両側に座り、故・西部邁らを交えてトークを進めていくのだが、このときの稲田は静かに頷いて話を聞いているばかりで口数が非常に少ない。

が、2009年2月に稲田が一人で同番組にゲスト出演したときの動画はこのときとはまるで違う。一人で出たときの稲田は、一転して気さくな印象を与え、よく喋っている。その中で、稲田が興味深いことを言った。西部邁に、「衆議院から任期6年の参議院議員に鞍替えをしてみたらどうか」と言われ、こう答えているのだ。

「選挙したい。選挙って、ある意味、戦争だから面白い。勝たないと面白くないですけど。面白いですから6年に1回しかないと寂しい」

彼女の好戦的な一面がよく出ている。安倍の秘書然として座っている2010年の動画と比べると別人のようである。

ところで稲田は、「道徳」という言葉が好きだ。前述の2010年の動画でも、民主党政治には道徳がないと嘆いているし、2017年には参院予算委員会で福島瑞穂参院議員から、過去の雑誌での「教育勅語の精神を取り戻すべき」という発言について今どう思っているのかと尋ねられ、「教育勅語の核である、例えば道徳、それから日本が道義国家を目指すべきであるという、その核について、私は変えておりません」と答えている。

教育勅語とか道義国家とか、いったい今はいつの時代なんですかと思うような言葉を吐く一方で、稲田は近年、LGBTや多様性の問題についても熱心に発言している。杉田水脈が「新潮45」に同性カップルは「生産性がない」と書いて問題になった時、稲田はそそくさとツイッターのアカウントを開設した。そして初投稿は「私は多様性を認め、寛容な社会をつくることが『保守』の役割だと信じる」というツイートだった。稲田は、

２０１６年に自民党に「性的指向・性自認に関する特命委員会」を立ち上げたが、「LGBTの方々が自分らしく、人として尊重され、活躍できる社会を実現するため」とツイートで当時を振り返っている。

また、２０１８年10月2日掲載の朝日新聞のインタビューでも、「保守とは本来、多様性を認めるもの」と発言し、こんなことを語っている。

私も保守系の雑誌に投稿してきましたが、10年以上も前の内容を国会で責められたこともありました。自分でも「そんなこと言ったんやー」とびっくりするけど、人間は成長する。大臣を辞任し、1年たってようやく反省点が言える。人間は失敗するけど、それで終わりじゃありません。

ただここ数年、「ヘイト本」と言われる差別的な出版物が売れる状況は、悲しいですね。右派論壇が先鋭化し、それが保守のイメージとなり、自分たちの首を絞めている。保守を自認している私としては心外です。日本全体が不寛容な方向に向かっているように感じます。何かをやり玉に挙げて喜ぶ層が、増えているということでしょう。

稲田朋美は、レインボープライドの行進にも参加するなど、LGBTへの理解を呼びかけている。「政調会長時代に（性的少数者をめぐる）理解増進法案をつくろうとして、できなかったのは、まずはしっかり党内の理解を、となったから」と朝日新聞に話しており、段階を踏んでしっかり理解を得て、法律にしていくということを党内でやっていきたいと話している。

タカ派だった彼女がソフト路線に転向して復活しようとしているとも言われたが、彼女は道義国家への夢も捨てたわけではないようだ。むしろ、多様性の推進こそが夢の実現に繋がっているというのが彼女の考え方だ。女性、障害者、性的少数者など社会的にマイノリティとされる人々への関心が世界中で高まっている。だからこそ「世界から尊敬される『道義大国』を目指すため、そして、希望にあふれた社会をつくるため、与野党の垣根なく、政治家として取り組むべき最も基本的な課題だ」と語っている。

一見、やさしげな言葉だが、実はソフト化どころか相変わらずタカ派の発言だ。「経済大国」の座からずり落ちつつある日本は、これからは「道義大国」を目指せと言っているのだから。経済のシェアを拡大するというのはよく聞くが、道徳で世界シェアを拡大するとはどういう意味なのだろう。ちょっとそこらへんは不明だが、要するに人権がどうのというより、「大国」であることが大事なのではなかろうか。

## 欧州の右派女性リーダーたちの日本版?

こうした稲田(や、おそらく周囲で彼女に助言を与えている人)の動向を見るとき、思い出さずにいられないのが、欧州各地の右派ポピュリスト勢力の女性指導者たちだ。フランスの国民連合のマリーヌ・ル・ペン、ドイツのAfD(ドイツのための選択肢)のアリス・ワイデル院内総務、イタリアのFdI(イタリアの同胞)のジョルジャ・メローニ代表など、近年、極右政党としての排外的スタンスはしっかり保ちながら、多様性や貧困対策へも目配りして、急激に支持を拡大している女性政治家たちである。

例えば、ル・ペンは、同性婚についてはシビル・パートナーシップで十分という立場だが、同性愛者の人権は尊重し、女性の妊娠中絶も容認している。さらに、アリス・ワイデルは自ら同性愛者であり、女性のパートナーと共に子どもを育てている。フェミニスト的なイメージを前面に出すジョルジャ・メローニも女性の支持者が多い。稲田の動きと最も連動しているように思えるのは、ノルウェーの右派政党の党首であるイェンセン元財務大臣だ。彼女は「ゲイ・ベスト・フレンド賞」を与えられている。

こうした欧州の右派女性政治家たちに共通するのは、彼女たちは「反ムスリム」の姿勢を強く打ち出し、「欧州のイスラム化」に警鐘を鳴らして、それは女性や性的少数者の権利を後退させると主張している点だ。このような政治思想を総称する「フェモナショナリズム」（フェミニズム＋ナショナリズム）という言葉も誕生している。

日本では欧州ほどムスリム移民が多くないのでこれらの動きと稲田の「ソフト化」を単純にイコールで結ぶことはできない。が、忘れるべきでないのは、欧州で極右政党が台頭した背景には、リベラルへのアンチ感情があるということだ。例えば、ケルン中央駅で起きた集団暴行事件に対するメルケル政権の対応が及び腰になったことが女性たちの激怒を買い、ＡｆＤの勢力が拡大する機会を与えてしまった。リベラルや左派が「これまでのルール」に縛られて物事に柔軟に対応できなければ、日本でも同様の現象が起きる可能性は十分にあり得る。

奇しくも前述の西部邁の番組（2009年に一人でゲスト出演した際）で、西部は、彼が見ている限り、稲田を支持している人々はいわゆる「反左翼」系が多いと指摘した。西部によれば、右翼と反左翼は別物であり、右翼は生まれながらに天皇万歳と言うような人たちで、反左翼は「（左翼に対して）アンチの攻撃」を行う人たちなのだという。欧州の極右政党の女性指導者たちも、従来の右派というより、これまでのリベラル政党に反感を持った有権者たちの支持を集めているのだ。

実は、稲田はこのインタビューで西部にこんなことを言っていた。

「政治家って、ある一面、ちょっと『狂気』的なところがないと、大成しないと思いますね」

「おじさん政治をぶっ壊す」というイキリ言葉も、「道義大国」というちょっと意味不明な道徳タカ派発言も、稲田なりの「狂気」的なものの追求なのかもしれない。いずれにしろ、フェモナショナリズムの波が日本にも及ぶことがあれば、稲田はもっともそれに乗りそうな政治家に思える。

# コロナ危機で成功した指導者に女性が多い理由

2020年7月号

蔡英文

## コロナ禍政治の勝者は女性？

今回のコロナ禍で話題になったことといえば、女性首相に率いられている国々がウィルス感染拡大の危機を乗り越え、感染を最小に食い止めることに成功したことだろう。

まず筆頭に挙がるのが、この危機で再び株を上げたニュージーランドのジャシンダ・アーダーン首相だ。この39歳の女性首相は、「家にいましょう。命を救いましょう」という人道的なメッセージ動画を自宅や記者会見場やFacebookのLiveで連日流し続けた。彼女は、思いやりファーストの立場を取り、近所の人々の面倒をみること、高齢者や基礎疾患のある人々を気遣うこと、社会のために犠牲を払うことの必要性などをニュージーランドの人々に訴え、自身が政治家としてさらなる人気を得ただけでなく、人々に責任をシェアすることを強調して国のムードを一つにまとめあげた。

世界中で左派の星と呼ばれてきた彼女が、開かれた社会を目指す平素の理念からは一転し、2020年3月14日には入国者のすべてに14日間の隔離を課すことを発表、迅速に厳格なロックダウンを開始するなど、ハードな政策を取った。「厳しく、迅速にやる」がコロナ対応における彼女の方針だったという。その結果、感染者数1153人、死者21人（感染者・死者数については、5月21日現在のものとする）という低い数字に抑えることに成功し、アーダーン首相率いる政府のコロナ対応に対する支持率は80％を超えている。

ドイツではアンゲラ・メルケル首相が久々に大物政治家の貫禄を見せ、最大70％までの人々が新型ウイルスに感染する可能性があり、死者はそれら感染者の「父であり、祖父であり、母であり、祖母であり、パートナーである」と警告し、終戦以降、ドイツは最大の危機を迎えていると国民に呼びかけた。そして早期から広範にわたって検査を行い、緊急病棟のベッドの数にも余裕があったこともあって、ドイツは死者数８２７０人と、他の多くのEU国よりずっと少ない。自ら物理学者であったメルケルの科学的根拠に基づいた冷静で明解な説明は、オンラインで拡散され他国の人々からも賞賛された。レームダックと呼ばれていたメルケルだが、今回のコロナ危機の対応では再びその存在感を増し、国内でも70％を超える支持率を得たという。

欧州では他にデンマークのメッテ・フレデリクセン首相のコロナ対応が高い評価を得ている。デンマークの左派・中道左派連合を率いる彼女も、３月13日の時点で素早く国境の封鎖を発表、数日後には保育施設や学校を閉鎖して10人以上で集まることを禁止した。デンマークも死者を５５４人に抑えることに成功しており、同じスカンディナビアの国でも、スウェーデンの死者数３８３１人と比べるとぐっと少ない。彼女は、家で皿洗いをしながら歌っている自分の動画をネットに投稿したりしてユーモアのある姿を見せ、支持率は2倍の80％に上がっているらしい。

同じくスカンディナビアで、死者数を２３４人に抑え込んでいるノルウェーも女性が首相の国だ。同国のエルナ・ソルベルグ首相も、早めのロックダウンと広範な検査が鍵だったと言っている。ソルベルグ首相は（大人のジャーナリストは参加不可の）子ども向け記者会見を行い、ウイルスをちょっと怖いと思ってもいいのよ、と語り、友達をハグできないのが寂しいと彼女も感じていると話した。

また、カトリーン・ヤコブスドッティル首相率いるアイスランドは、新型ウイルス感染の徹底した検査体制を取ったことで世界的に有名になった。人口36万人の同国は国民に無料の検査をオファーし、3月末までに人口の5％近くが検査を受けた。4月25日までには人口の12％が検査を受けており、徹底的にウイルスを追跡する方法により、こちらもまた感染拡大の抑制に成功している。

さらに、世界最年少の現職首相、サンナ・マリンのフィンランドも厳しいロックダウンを実施することにより、死者数を隣国スウェーデンの一割以下に抑え込んでいる。

## アジアでも女性たちに賞賛の声

アジアでも、女性指導者の対応が賞賛を集めている。

「コロナ対策の優等生」と呼ばれる台湾では、蔡英文総統の初動の速さが話題になっている。武漢に関する情報をいち早く入手し、2019年12月31日には封じ込め戦略に着手、WHOよりも早い2020年1月12日には当局者を武漢に派遣して、中国の状況を報告させて、1月20日までにはコロナ感染の状況を監視する緊急指令センターを設置した。その結果、中国との物理的な近さにもかかわらず、感染者440人、死者7人という驚くべき成功を収めている。早々に感染拡大を抑え込んだ同総統は、コロナウイルスで世界経済の秩序は変わったと語り、この変化は台湾にとってチャンスだと発言している。早め、早めのコロナ対策が功を奏したおかげで、台湾は世界でも珍しく、いまでもプラスの経済成長を遂げており、経済の分野でも早めの支援や復興策を打っていくというポジティブな戦略を打ち出している。

英紙ガーディアンは、今回のコロナ禍で成功を収めた女性は政治家だけではないとし、韓国の中央防疫対策本部長、チョン・ウンギョンの名を挙げている。「検査、追跡、封じ込め」を徹底的に行う戦略を指揮したウンギョン本部長は、いまや国家的アイコンのような存在であり、世界的にもコロナ対策のお手本になっている。MERS流行時にも、中央MERS管理対策本部現場点検班長として指揮を取った彼女は、いまや「世界一のウイルス・ハンター」と呼ばれ、そのきまじめな記者会見の模様は有名になった。大統領府・青瓦台への信頼度は49・5％だったのに、彼女への信頼は80％を超えたこともあったという世論調査結果が出ており、激務のために白髪が増え、痩せていく姿に彼女の健康を心配する声があがっていて、記者会見では「一日1時間以上は寝ています」と答えたという。

余談だが、わたしは英国でよく知人などから日本のコロナ状況について尋ねられる。台湾や韓国の成功例はいつもメディアで話題にされ、「アジアはよくやっている」という風潮になっているが、日本の名前はいっこうに挙がらないので、よっぽどコロナ対策に失敗して多くの死者や感染者を出しているのだろうとみんな思っているようなのだ。それで、「いや、実は……」と実際の数を話すと、その少なさにみんな一様に驚く。

「じゃあ、どうして話題にされないんだろうね」と言うので、「いやー、いろんな説があるけど、なんで成功しているのか、本当のところがよくわからないからじゃない？」と答えると、「うん。なんか、全体的に日本についてはよくわからない」と言われ、どうやらこのコロナ禍で日本はまたもやミステリアス・ジャパンぶりを発揮しているようだ。

## 女性であることとコロナ対策の成功は関係あるのか

このように、女性指導者の国でコロナ対策に成功している国は多いが、一方ではベトナムやギリシャ、オーストラリアなど、男性指導者が率いて成功している国も多い。だから、性別で指導者を区別して、どちらのほうが成功していると競争のように考えるのは、下手をすれば「女性のほうが子どもや配偶者の健康を気遣うことに慣れているから」とか、「女性のほうが気配りが細やかだから」とかいう、ジェンダーのステレオタイプ化に繋がりかねない。実際、女性のほうが科学者の言うことを素直に聞くからというような、なんとなくマンスプレイニング的な分析すら見られる。

しかし、ガーディアン紙に掲載されているニューヨーク大学の社会学の教授の分析は一聴に値する。「比較的、政府への支持と信頼があり、女性と男性の硬直した区別をしない政治文化」を持つ国が女性の指導者を選ぶという。逆に言えば、人々が政府を信頼せず、積極的に支持もしない政治文化を持つ国では、女性と男性の硬直した区別がいっまでも存在するので、女性の指導者は出にくいということになるのではないだろうか。

確かに、政府への支持と信頼がある政治的文化のある国であれば、女性リーダーたちは自信を持って自分が信じる道を決断することができるだろう。しかし、そうでない国なら、「どうすれば支持率を下げないか」などのネガティヴな計算が先に働いてしまい、ウイルス感染拡大阻止という本来の目的とは合わない決断をくだすことになってしまう。

また、同記事によれば、男性の政治家は「リーダーたるものこう振る舞うべき」という鋳型から抜けられないことが多いという。つまり、感情的な思いやりとかやさしさを見せるべきではなく、いつどんな状況でも強くあらねばならぬという指導者イメージに囚われ、「強く、決断力もあり、感情的な部分もある」という多様な顔を持つ指導者像を描けないというのだ。ということは、男性でもこれができる人は成功する指導者になれるし、女性でもマッチョな強さばかり強調したいタイプはコロナ禍のような状況下ではリーダーとして失敗するということだろう。

2020年1月1日の時点で、選挙で選ばれた国家元首152人のうち、女性はたった10人だった（そう考えると、どれだけ女性リーダーのコロナ対策成功率が高いかわかる)。

なぜ女性首相たちがコロナウイルス感染拡大との戦いに強いのだろう。彼女たちは女性だからコロナ対策に向いているのだろうか。彼女たちは、女性が入りづらい世界に選挙で選ばれて進出し、女性がなかなか出世できない業界でトップまで登りつめた人々だ。つまり、はっきり言って各人がずば抜けて優秀な政治家たちなのである。

つまり、コロナウイルス対策で女性たちが実力を発揮しているのは、性別というより、それぞれの政治的能力が高いと考えたほうが現実的だ。逆に、男性が有利な業界にあっても失敗している指導者たちがどんな政治家なのかということは、言わずもがなだろう。

# 「ブラック・ライヴズ・マター」運動を立ち上げた女性たち

2020年8月号

BLMを立ち上げた3人の黒人女性。左からアリシア・ガーザ、パトリス・カラーズ、オパール・トメティ

## コロナ禍の沈黙を破った人種差別反対運動

2020年5月、米国のミネアポリスで黒人男性ジョージ・フロイド氏が白人警察官に首を約9分間膝で強く圧迫されて死亡した事件を受け、全米に抗議デモが広がった。その後、世界中でこの運動が広まり、わたしが住む英国でも、コロナ禍の次は「ブラック・ライヴズ・マター」とばかりにメディアが大騒ぎしている。

わが町ブライトンでも、毎週木曜日の午後8時に医療従事者らに拍手する習慣が5月末でいったん終了したかと思ったら、その翌週の金曜日午後8時には家の外でひざまずいてフロイド氏に哀悼を捧げようと市が呼びかけた。が、はっきり言って市のホームページなどよっぽど用事でもない限り見る人はいないし、いま一つSNSでも拡散されなかったのでうちの近所でやっている人は見なかったが、街の中心部では、警察署をはじめ様々な店舗や住宅から人々が出てきて舗道にひざまずき、故人に哀悼の意を表していたようだ。

さらに、その週から若者たちが街に出てデモを行い、もはやソーシャル・ディスタンシングは過去の話になったかのようなポストコロナの様相を呈している。多くの日本の人々はおそらく想像もできないほど、英国では「ブラック・ライヴズ・マター」運動が盛り上がっているのだ。6月には、ブリストルで運動参加者たちが17世紀の奴隷商人エドワード・コルストンの銅像を引きずり下ろし、海に投げ込むという出来事が起きた。ロンドンでは、パーラメント・スクエアにあるウィンストン・チャーチルの像に「人種差別主義者だった」という落書きがなされ、スコットランドのエディンバラでも、奴隷制度廃止を遅らせた政治家の記念塔にスプレーで「BLM」(Black Lives Matter)と書かれたりしている。

こうした抗議活動について、英国政府は「器物損壊」や「暴力行為」であるとし、ジョンソン首相は「一連のデモは、ごろつきの悪質な行動にのっとられてしまった。本来主張していたはずのテーマを、裏切っている。当事者は責任をとることになるだろう」とツイッターに書き、ロンドン警視庁のクレシダ・ディック総監も「とんでもないことだ」と非難した。他方、まだロックダウンが施行されているときに大勢の若者が街に繰り出し、6人以上の「公共の場での集会」を行うことは違法との声も出ている。そのため、北アイルランドでは抗議デモ主催者が検察に訴追される可能性も出てきており、警官と抗議者たちの衝突は、「ロックダウン中」であるという事実によってさらに激化する結果となった。

このように世界中で広がっている「ブラック・ライヴズ・マター」運動だが、その起源についてはあまり知られていない。例えば、BBCニュースの日本語版のサイトは「2013年から2014年にかけて使われ始め、2014年8月に南部ミズーリ州ファーガソンで18歳の黒人男性が白人警官に射殺されたのを機に、全国的な抗議運動と共に広がった」と簡単に説明しているが、この運動を立ち上げた人々が女性であることはまだあまり知られていないのではないだろうか。

## 3人の創始者たち

「ブラック・ライヴズ・マター」は2013年に3人の黒人女性たち（と呼ぶのが適当かどうかは後で説明するにして）によって立ち上げられた。アリシア・ガーザ、パトリス・カラーズ、オパール・トメティがその3人である。2012年、フロリダ州で当時17歳の黒人少年が、ヒスパニック系の自警団のジョージ・ジマーマンに射殺される事件が起きた。ジマーマンは、2013年に殺人罪で起訴されたが、正当防衛が認められて無実となった。その後、前述の3人がソーシャルメディアで「#BlackLivesMatter」のハッシュタグと共に広げたのがこの運動だ。

アリシア・ガーザは1981年にカリフォルニアで生まれた。ユダヤ人の義父とアフリカ系米国人の母親のもとで育ち、ティーンの頃から学校での性教育に関する政治運動に関わったりし、大学では人類学と社会学を学んだ。「ブラック・ライヴズ・マター」以外にも、労働者の権利や学生の権利などの複数の分野で活動する社会運動家でありガーディアン紙やローリングストーン誌などに寄稿もしている。

パトリス・カラーズは1983年にカリフォルニアで生まれ、貧困地区で育った。彼女もティーンの頃から社会運動に目覚め、カリフォルニア大学で宗教学と哲学を学んだ。カレッジでアートを教える芸術家でもあり、市民運動家であり、脚本家でもある。

オパール・トメティは1984年にナイジェリアからの移民の子どもとして生まれ、アリゾナ州で育った。アリゾナ大学で歴史を学び、アリゾナ州立大学でコミュニケーションとアドボカシーを学んだ。DVの問題や移民の人権擁護の問題などを扱ってきた市民運動家であり、タイム誌やハフィントンポストに寄稿するライターでもある。

「ブラック・ライヴズ・マター」の公式サイト（blacklivesmatter.com）には、運動のこれまでの歩みを記したページがあるが、そのタイトルは「HISTORY」ではなく、あえて「HERSTORY」となっている。が、実はこの3人は、自分たちは男性ではなく女性なんだと古式ゆかしい二分法による性別を強く主張しているわけでもない。彼女たちのうち2人は「クィア」（同性愛者、トランスジェンダーなどを含むセクシャルマイノリティの総称）であることを公言しているからだ。

「ブラック・ライヴズ・マター」が、構造的・恣意的に黒人の生命を軽視し虐げる社会に抵抗し、人々の考え方や政治を変えるための運動であるのは間違いないが、この運動にはもう一つの軸が入っている。「HERSTORY」と題されたページにはこう書かれている。

一般の人々とともに働く活動の運営者として、ＢＬＭのメンバーたちは、運動の場所と指導者との間に大きなギャップがあることを感じてきました。この国の黒人解放運動の機会や場所、指導者の職務は、黒人で、異性愛者で、シスジェンダーである男性のために作られています。それ以外の人々は、運動の外にいるか、そうでなければ背景に押しやられて運動が前に進んでもほとんど、あるいは全く貢献を認められません。運動のネットワークとして、我々は女性やクィア、トランスセクシャルの指導者を中心に据える必要性を感じてきました。我々の運動の力を最大化し、あまりに多くの解放運動を排除してきた過去の有害な慣例を繰り返さないために、我々は周縁の者たちを中心に近いところに置いたのです。

例えば、労働運動に関わったことのある女性は、「平等」「格差是正」などを訴える運動体の中に、実は無意識に女性はお茶を淹れるものなんだと決め付けている男性たちがいることを知って幻滅したことはないだろうか。リベラルな主張をする論客が編集したアンソロジー本が男性著者ばかりを集めたものになっていて、女性の書き手がいないことに疑問を感じる人も少なくないだろう。英国労働党のような左派と呼ばれる政党でも、じつは党首選で正式に女性党首を選んだことは一度もないし、人権や社会正義を叫ぶ団体がすべての偏見や差別から自由だというわけではない。

これと同じことが黒人解放運動の中にもあったとBLMを率いる3人は言っている。黒人解放運動もストレートの男性が率いる男性たちの運動になっていて、女性やセクシャルマイノリティは周縁化されるか、または運動に参加さえしていなかったというのだ。だから、それらの人々を運動内部に受け入れ、コミュニティーの周縁に押しやられていた人々にも生き生きと活動してもらうためには、男性ではない指導者が必要だったと彼女たちは説明している。

わたしぐらいの年齢になると、今回のような運動が起きると、2011年にやはり黒人青年が警官に射殺されたことを発端にして起きたロンドン暴動の記憶が蘇ったりして、歴史は繰り返す、などと思いがちだが、こうしたBLMの発足理念を読むと、明らかにこれはそれまでの運動とは違う要素を含んでいるのがわかる。

女性やセクシャルマイノリティが中心にいる人種差別反対運動。この運動の創始者たちは、それまでの左派の運動に欠けていたものを感じ取り、否定的になって運動そのものから去って行くのでも、もにょもにょと陰で文句を言うのでもなく、それなら自分たちが欠けているものを補ってやるよとバシッと実践したのである。

## 燃えている家の火を消す

先日、ミュージシャンのビリー・アイリッシュが、「ブラック・ライヴズ・マター」運動が広がるにつれて「オール・ライヴズ・マター」と言い始めた人々について、なぜそれが妥当ではないかを熱弁した文章がネットに流れて話題になった。

わが家でもティーンの息子が父親に一生懸命に説明していた。彼は、ビリーが使ったたとえを少しアレンジしてこう言っていた。

「通りに燃えている家があるとき、消防車はその家に水をかけて消火するよね。ストリートの住宅すべてに水をかけて水浸しにする人はいないでしょ。ここでマター（問題）なのは、燃えている家なんだよ。燃えてない家はとりあえず今は関係ないんだ」

いま燃えている家を最優先する姿勢、もっとも周縁で差別や偏見や貧困に苦しんでいる者を救わなければ、全体も救うことはできないという言葉は、「ブラック・ライヴズ・マター」の創始者のひとり、パトリス・カラーズも言っていることだ。以文社のサイトに掲載されたインタビュー記事「#BlackLivesMatter運動とグローバルな廃絶に向けてのヴィジョンについて／パトリス・カラーズ」で彼女はこう発言している。

「もっとも周縁に置かれる人びとが実践や理論の中心に位置することではじめて、わたしたちはすべての黒人たちの生を救う力能を得るようになります。もっとも貧しい人びとが気にかけられてはじめて、あらゆる誰もが気にかけられるようになるのです。

女性は決して運動に関与したことがないなどという作り話を、わたしたちは一掃している最中です。現実には、これまでもずっと女性たちは運動の創設者でした。ただそのことが〔歴史から〕抹殺されてきただけです。わたしたちは、ともに決意しました。そんなことはこの世代には受け継がせまい、と」

女たちのポリティクスは議会政治の中だけに存在するものではない。実は今、ほんとうに逞しく燃えている場所は、議会の外なのかもしれない。

# 小池百合子とフェミニズム

2020年9月号・10月号

小池百合子

## 「女性」というジェンダーの前景化

2020年7月に小池百合子都知事が余裕で2回目の当選を果たした。歴代2位の366万票獲得だそうだ。知事になってほぼ何も結果を出してないにもかかわらず、こんなに票数を集めたのは、「ほかに投票する先がなかったからでしょ」と知人は言っていた。本当にほかに然るべき人物がいなかったのか、それとも他の候補者たちが状況を見誤った選挙戦を展開してしまったのかはわからないとして、小池百合子という人を政治家として語るとき、誰もが認めざるを得ないのはその広報力だ。「あんなのはダサい」

「嘘つき」などと批判してみたところで、実際に効いているのだから巧くやっているのだ。好むと好まざるとにかかわらず、その点は認めなければならない。

小池の再選を伝える記事で、フランス通信社（AFP）の記事の英語版は、彼女を「Savvy」な政治家と表現した。「抜け目のない、精通した、情報通の」と訳されるこの単語は、ふつう経験豊富で姑息な手法も厭わぬ、やり手のビジネスパーソンなどを形容する言葉である。「Yuriko Koike: savvy politician challenging Japan's glass ceiling」というこの記事のタイトルは、「抜け目のないやり手の政治家が日本の『ガラスの天井』に挑戦している」とでも訳せるだろうか。

「ガラスの天井」とは、英語で、女性の昇進を阻止する目には見えない障壁があるという意味で使われてきた表現だ。が、近年では、女性のみならずマイノリティ全般について使われるようになっている。つまり、この英文記事は、小池の都知事選での勝利を、彼女は日本の女性の社会進出のために挑戦を続けているという文脈で伝えているのだ。

同記事では、小池は「日本の男性支配的な政界において、つるつる滑る落ちやすい棒を登るために必要なタフさを示した」「冷静で計算されたスピーチ」「キャッチーなスローガン」などの言葉で表現され、「行動を起こすのが遅すぎ」「柔軟性に欠け」「曖昧」な安倍首相とは対照的であると書いている。そして、「批判者たちは、彼女の都知事としての最初の4年間は、仕事をこなすことよりも、ヘッドラインを掴むことが目的だったと言う」と伝えながら、彼女のポジションを「長いこと、日本初の女性首相候補と見なされてきた」と説明している。

わたし自身、驚いたのは、英国在住の日本人女性にも「小池さんに誇りを感じる」という人がいるということだった。それも1人ではない。何人もいる。日本の外に住んでいると、はっきり言って細かい政策のこととかはわからないし、あまり興味のない人も多い。だが、口を揃えて彼女たちは、「日本にも女性の政治的リーダーが存在可能なんだっていうことを示してくれているから、それだけでも偉い」と言う。

日本は女性の地位が低い国、というイメージがあまりにも定着し過ぎていて、海外在住の女性たちまで現地でそういうイメージで見られるので迷惑する、という彼女たちの気持ちはわかる。わかるけど、とても小池百合子を支持しそうにない政治的スタンスを持っているはずの人たちまで「彼女は偉い」とか言う。どうやら、海外から小池百合子という政治家を見るとき、細かい政治的手腕やイデオロギーは後回しで、「女性」というジェンダーがメインになってしまうようだ。

## 個人主義的なフェミニズムは新自由主義的

この、ふだんはリベラルっぽい英国在住日本人女性たちの小池好きを見て思い出したのが、故マーガレット・サッチャーに対する英国の女性たちの評価だ。サッチャーといえば、いまや新自由主義の権化のように言われ、労働者の権利が剝ぎ取られて格差や貧困が広がる社会になってしまったのは彼女のせいだと批判される。しかし、一方では女性の社会進出という点で評価する人々も多い。女性首相と女王が国のツー・トップとして君臨していた1980年代は、英国の女性の価値観を大きく変えたというのだ。それがどんな政策を行った首相であれ（実際には、11年間の首相在任期間で、サッチャーは内閣に1人しか女性を起用しなかったので、ガラスの天井をぶち破るどころか、自分が登った後には梯子を外して他の女性が登れないようにしたと言われた人だった）、エリザベス女王が不平等な階級社会の頂点に君臨する存在であれ、彼女たちは「トップに立つ女性である」という事実だけで女性たちのアイコンになり続けてきた。

しかしこれは、古いタイプのフェミニズムだ。

数年前に#MeToo運動が起きたとき、反対するスタンスを取った女性たちがいた。米国の作家、ダフニー・マーキンやフランスの女優ブリジット・バルドーらである。彼女たちは、続々と糾弾されたハラスメントの多くは男性たちを再起不能なまでに辱めるほどのことでもないと主張し、様々なレイヤーのあるハラスメントを一まとめにしたことで、#MeTooは子どもっぽい運動になってしまっていると批判した。ダフニー・マーキンは、#MeToo運動の女性たちに「ヴィクトリア朝時代の主婦たちのように自分をか弱い存在だと見なすのはやめ」、毅然とした態度で個人としてセクハラに対応するべきだと言った。つまり、「タフになれ」と下の世代の女性たちに呼びかけていたのだ。

メディアはこれをフェミニストたちの世代間分裂と整理した。これは、むかしから存在するフェミニズム内部の「個人主義」陣営と「ソーシャル」陣営の違いなのだとガーディアン紙に書いた若いライターがいた。性的被害告発リスト「クソのようなメディアの男たち」の作成者、モイラ・ドネガンだ。曰く、「個人主義」陣営は、女性は弱者ではなく個人的意思を持った自由な個人として扱われるべきだと信じる人々だという。この陣営は、新自由主義と親和性の高い自己責任論や困難に打ち勝つ意志を重んずる。だからセクハラも個人の知恵と根性で乗り切れ、になるわけだ。

他方、#MeToo運動のような新しい連帯型の運動は「ソーシャル」陣営のムーヴメントだ。こちらは、女性の抑圧はユニヴァーサルな経験だと定義し、その一つ一つの形は違っても、個人的な問題ではなく、社会的・政治的な問題であると見なす。だからセクハラのような問題と闘うために必要なのは、個人レベルでの鍛錬や強さではなく、被害に遭う立場にある者たちの連帯だと考える。

経済成長が続いた時代には、個人主義的なフェミニズムが前景に出てきた。それは「社会などというものは存在しません」と言ったサッチャーの言葉に象徴されるように、肩パッドを入れて歯を食いしばれば女性でも成功することができた時代だった。

しかし、いまや前世紀のような経済成長は見込めず、国も緊縮財政で財政支出を減らし、若い世代は巨額の借金を背負って大学を出て、どんなに頑張っても出世どころか職を見つけることさえ難しい。個人のやる気だけではもう報われないのだ。だからこそ、若い世代を中心に、共闘する「シスターフッド」がキーワードとして浮上してきているのである。

## 残酷な女帝こそ女性たちを痺れさせる?

都知事選での小池の男女別の得票率では、61%が女性だった。ということは、日本のフェミニズムはいまだに個人主義的(つまり新自由主義的)であり続けているのかもしれない。

都知事選の前に『女帝　小池百合子』(石井妙子著)がベストセラーになり、サイコパスを髣髴させるような彼女の冷酷さや、虚飾まみれの人生、利用できる人は利用し、できなくなったらさっさと捨てる非道さが書かれていたので、大きな話題になったという。にもかかわらず、彼女の人気が大きく損われることはなかった。

これは、いったいどういうことなのだろう。思うに、個人主義的なフェミニズムでは、実はこういう汚さがそれほどマイナスにはならないからではないか。どんなに策略的で、狡猾な手を使って、嘘をついてトップの座についたとしても、それは裏を返せば彼女のタフさや賢さ、強さの証明になり得る。そのぐらいやらないと女が男社会でのし上がれないことを女性たちが知っていればいるほど、そりゃそうでしょう、そのぐらいやってるわよ、で終わってしまう（ある意味、頼もしさを感じる人さえいるかもしれない）。

そんな小池自身が、まさに個人主義的フェミニストを髣髴させる発言をしている記事を見つけた。「経済界」のサイトの「女性起業家よ世界を目指せ──小池百合子（東京都知事）」という対談の中で彼女はこう言っている。

「女性だから制約があるわけではないので、できない理由にはなりませんし、女性だからといって甘えるのは最低です。これからは知恵と根性比べの時代です。男女は関係ありません。知恵を絞って新しい世界最大の企業を目指してください」

女だからと言って甘えるな、知恵と根性で乗り越えろ、というのは、#MeToo運動に反対した中高年の個人主義的フェミニストたちの主張とよく似ている。

海千山千で、難局を乗り越えて女が出世することが個人主義的フェミニズムのプロトタイプなら、小池はまさにその究極の完成形である気がする。このフェミニズムには、政策とか、いや、イデオロギーさえ必要ないのだろう。「女の出世頭」としてそこにいればフェミニストということになるのだから。政界や官僚のおっさんをひれ伏させている小池の姿にこそ、家庭で、職場で、男性たちから不当な扱いを受けている女性たちは痺れるのかもしれない。

2017年の衆院選で、希望の党に公認申請をする民進党出身者たちのうち、リベラル派を「排除いたします」と小池が言ってのけたとき、「上から目線」とか「排除の論理」とかメディアにはずいぶん叩かれることになった。だが、これにしても、ふだん「上から目線」で見下されている女性たちには気持ちがよかった可能性すらあるのではないか。小池から冷たく「排除します」と言い渡され、行き場を失くしてあたふたしている大の男たちを見て、快感を覚えた女性たちがいないとは言えないのではないか。そうでなくては、女性たちの間での小池の異様な人気は説明しようがない。この女性たちのふつふつと静かにたぎる情念は、日本型のフェモナショナリズムを生む可能性すら宿しているのではとふと不安になったりする。

## フェモナショナリズムとは何なのか

２０１７年、ロンドン大学ゴールドスミス・カレッジの社会学部上級講師サラ・ファリスが、『In the Name of Women's Rights: The Rise of Femonationalism（女性右翼の名において：フェモナショナリズムの台頭）』という本を出版した。同著でファリスは、右翼ナショナリストやネオリベラル、一部のフェミニスト、そして女性の権利団体のいくつかが、ムスリム男性を非難することで自分たちの政治的目的を拡大してきたと書いた。同著は、フランスやイタリア、オランダの例を挙げ、このタイムリーで複雑な問題を考察したものだ。

ファリスはopenDemocracyのインタビューでこう話している。

「フランスの国民戦線（現・国民連合）の党首、マリーヌ・ル・ペンのような右派のリーダーたちがいる。彼女は女性の権利など本当は気にしていませんが、ムスリムを声高に非難する手立てにしているのは明らかです。これは『フェモナショナリズム』の顔の一つです。ナショナリストたちがフェミニズムを手段として利用するのです。他方では、それはフェミニストの一部に——幾人かのフェミニストと強調しておきたい。それは少数派です——イスラム教を宗教として批判する声を高め、女性を抑圧する宗教だと主張している人たちがいるということを表しています」

ファリスはまた、ブルカ禁止法に関しても、フェミニストや「フェモクラート（女性の政治家や官僚）」の一部が支持していて、女性の権利の名のもとに反イスラム的なスタンスを強めていると言う。このように、ムスリムと女性の問題となると、右派ナショナリストとフェミニストと「フェモクラート」、そしてネオリベラルたちががっつり手を組むという現象がなぜか発生してしまうが、ファリスはこれを「漸次的集合」という言葉で表現し、全く違う政治的イデオロギーを持っているはずの人々や政治家が徐々に集まってきてしまう現象なのだと整理する。

この「奇妙な連合」は意識して集まったものではないとファリスは言う。

「いま起きていることは何も『新しい』ことでもありません。帝国主義者や植民地主義者が、女性の権利を含めて『野蛮な国々』に『文明』をもたらすと主張していた例はたくさんあります。１９５０年代にはアルジェリアでフランス軍がこの妄想を進めて女性たちに顔の覆いを外させました。フェミニストの中には、女性の権利の名のもとに占領の企てを支持した人たちもいました」

この「野蛮な人たち」に西洋の「文明」をもたらすというナラティヴが、9・11やアフガン紛争、ISISによるテロで復活した。西側の国々が中東を軍事攻撃することを正当化する理由の一つとして、女性の解放が使われてしまったのである。

「リベラルやフェミニストがナショナリストと組むわけがない」「おかしい」というのは近年の発想でしかなく、フェモナショナリズム的なものは昔からあったと彼女は言う。そしてそれは、誰からも嫌われ、横暴で野蛮な「共通の敵」が認定されるとき、政治的主張を超えた「漸次的集合」を生み出す。

## 日本で「漸次的集合」ができるとすれば、敵は?

こう書いてくると、いや日本にはムスリム移民は少ないし、第一、日本じたいが男女平等ランキングで発展途上国の多くの国々を大きく下回る121位（初出掲載時）という結果に終わっているぐらいで、それほどフェミニズムが進んでいる国とは言い難いのだから、西洋の国々の人々のようにイスラム教への反感を煽られることはないのでは、という声があがりそうだ。

しかし、様々な違う考えを持つ人々の「漸次的集合」ができる「共通の敵」は明らかに日本にも存在しているのではないか。

「おっさん」である。

いわゆる安倍政権的なものや、自民党政治的なもの。西洋社会で、「ムスリムの男性たち」が西洋的価値観を揺るがすマッチョで時代遅れで野蛮なものとして反感を買っているように、日本ではおっさんたちが性差別的でポリティカル・コレクトネスにも疎く、セクハラ・パワハラ的なものの象徴になっている。

それなら別にいいじゃん、党派を超えた流動的連合をつくって「おっさん」的なものを一掃すればいい、と思う方もおられよう。しかし、ここでいったんその荒ぶる鼻息を止め、深呼吸してよく考えるべき点がある。

つまり、女性が顔を覆わなくていい社会にすることや、家父長的なものから女性を解放するのもまた、「それなら別にいいじゃん」と誰もがふつうに思ういいことなのだ。ただ、問題はそうした女性のイシューを進めるというレトリックを用いながら、他国を占領して帝国主義を進めてもよかったのかという点である。

「おじさん政治をぶっ壊す」と言ったのは、故・西部邁をして「彼女の支持者は反左翼」と言わしめた稲田朋美だ。小池百合子も、日本会議国会議員懇談会で副幹事長まで務めた人物である。

おっさんが憎い一心で、彼らをやり込めているように見える女性政治家を支持していたら、前世紀の帝国主義者フェミニストたちと似たようなミステイクを冒しているかもしれない。日本型フェモナショナリストは、ムスリム女性から強制的にブルカを剝がして回ることはしないだろうが、そのうち「関東大震災の後に朝鮮人の虐殺が起きたなんてのは、デマです」とか言いはじめているかもしれないのだ。

## 「フェモ」より「ナショナリズム」はどうなってんの

文芸評論家の斎藤美奈子が、月刊誌「ちくま」掲載の連載『世の中ラボ』で、「小池百合子はモンスター？」という文章を書いていて、彼女は、石井妙子著『女帝 小池百合子』への「リベラル系男性論客」の激賞ぶりを揶揄している。斎藤は、あれだけ褒めるのだから読もうという気になったが、率直な感想は「何が選挙前に読め、よ。だから選挙に負けるんだよ」だったという。

「いくらなんでも予断がすぎる」「肝心なところはおろそかにする無能で嘘つきで目立ちたがり屋の嫌な女。それが『女帝』全体を貫く小池百合子像である」と彼女は同書を手厳しく批判しているが、とりわけ、小池の顔のアザにこだわったところに違和感を覚えたと言う。「冒頭近くでいわく。〈彼女は重い宿命を生まれた時から背負わされていた。右頰の赤いアザ――〉」とドラマチックにアザについて書いておきながら、後にそのアザを小池が政治的に利用したとして「16年の都知事選で自民党系候補者の応援に立った石原慎太郎は〈大年増の厚化粧がいるんだよ。これが困ったもんでね。俺の息子も苦労しているんだ〉とブチ上げた。世間は非難囂々。小池は生まれつきの頰のアザを化粧で隠しているのだと語った」と斎藤は書いている。そして、まるで小池がアザを持って生まれた運命にリベンジしたかのような書きぶりを「対象が誰であれ、ひとりの人物像を描く上で身体上の欠陥を起点にするのは完全にルール違反だ」と苦言を呈した。

実際、「リベラル系男性論客」が「選挙前に読むべき」と言った本に、このようなルッキズムに基づいた筆致があるのは気になる。しかし個人的にそれ以上に気になるのは、まさにこの「リベンジ」の相手が石原慎太郎という「おっさん」を代表する人物であり、それゆえにこのエピソードを読んで気持ちよくなり、ルッキズムを見逃したおっさん嫌いの人々は一定数いたのではないかということだ。これを「漸次的集合」の兆しと呼ばずに何と呼ぼう。

「もし小池百合子の暗部を暴くのであれば、いつどんな経緯で彼女は日本会議に入って後に抜けたのか、関東大震災朝鮮人犠牲者追悼式の追悼文送付を見送った背景には何があったのかなど、政治家としての本質にかかわる部分を追及すべきではなかったか」と斎藤が正しく指摘するとおり、なんかここにはフェモナショナリズムのダークな闇が口を開けて待っている気がするのだ。「フェモ」はいいけどあんたらの「ナショナリズム」はどうなってるんだい、という点を忘れると日本は欧州と同じ轍を踏むだろう。

## セクシズムとレイシズム

前述のopenDemocracyのインタビュー記事で、サラ・ファリスはこんなことも言っている。

「反レイシズムと反セクシズムが互いに対立させられる状況は、古典的なジレンマです。1960年代や1970年代のアメリカの黒人フェミニストたちがそれについて多く書き、議論を続けてきました。そのことが黒人男性を攻撃するために使われることを知っているのに、どうやって自分たちのコミュニティの中のセクシズムを糾弾することができるのか、と。簡単な答えはありません」

これを小池百合子にその萌芽が見える日本型フェモナショナリズムの文脈に置き換えれば、「そのことが排外主義的な政治家を支援することに繋がると知っているのに、どうやっておっさん政治に肘鉄をくらわすことができるのか」とでもなるだろうか。ファリスが言うとおり、これもジレンマではある。

けれども、また、彼女はこうも話している。

「それが現れている場所ではどこでも、すべてのコミュニティの女性がセクシズムを糾弾できるよう、その実現性を全力で私たちは支援しなければなりません。私たちが問うべき質問は、『私たちは本当にそれを可能にしているだろうか』というものです。この非常に激しく盛り上がっているイスラム教徒への偏見の中で、私たちは苦しんでいる女性たちをどうサポートすることができるでしょう。レイシズムとセクシズムに対する闘いは、連携しなければいけません」

2017年にフォーブス誌は、小池について、戦前の日本の民衆による朝鮮人虐殺を暗に否定したり、在日外国人の参政権に反対したりして、「外国嫌悪と歴史修正主義者としての傾向を見せており、それが懸念される」とはっきり書いている。

海外在住経験がある小池本人が積極的に外国人を嫌悪しているかどうかは別にして、排外主義的団体から支援や利益を受けていればその主張に同調できる政治家は、都合のよいときにはフェミニズムを訴えても、背後にいる団体次第でスタンスを変えるだろう。

欧州の極右政党の女性指導者たちは、ムスリムの男性たちを敵視し、共通の敵をつくることで支持層を広げた。「ムスリムの男性たち」を「おっさん」にスライドさせれば、このナラティヴは日本にも十分に当てはめることができるし、もしかすると、日本はフェモナショナリスティックな女性首相すら誕生させる国になるかもしれないのだ。「共通の敵」を設定し、それを攻撃することで人気を得るのはポピュリストの手法でもある。「敵」の設定より、自分はこうしたいという独自の政治的ヴィジョンを語っているか。

その点のみで政治家は評価されるべきだ。そこが何だかよくわからないけど、とりあえず「敵」を攻撃しているからという理由で人を支持することは、単なる憂さ晴らしにしかならず、結局は自分たちの首を絞めることにしかならない場合が多い。

# マーガレット・サッチャー再考

## 彼女はポピュリズムの女王だったのか

２０２０年11月号

マーガレット・サッチャー

### 二重の意味でアウトサイダー

マーガレット・サッチャーという人ほど、日本国内で読み聞きしていた評価と、英国に来てからのそれが違った政治家はいなかった。

日本では、サッチャーは「英国病から英国を救った偉い人」みたいなイメージで語られることが多く、「鉄の女」という彼女の呼称も、グローバル・ジェンダー・ギャップ指数ランキングで１５３カ国中１２１位の国にしては、「信念を曲げないリーダー」としてポジティヴに受け取られている。

ひょっとすると、日本の人々は英国の人々よりも、頼れる強い指導者としての女性像を素直に受け入れるのではないかという気さえする。それが日本人女性でない限りにおいては。

まあもちろん、これはジェンダーだけの問題ではなく、彼女が掲げた新自由主義的政策のエッセンス（働かざる者、食うべからず。成功は自分で摑め、摑めないのは自己責任）が日本の人々の気質に合っているからかもしれないが。

そのサッチャーは、いまでこそ保守党を代表する伝説的アイコンになっているが、実は保守党政治家の中ではアウトサイダー中のアウトサイダーとして登場した。

まず、女性であること。そして出自も他の保守党政治家とはまるで違った。

保守党と言えば、イートン校だのハーロウ校だのといった名門私立校を卒業した良家のお坊ちゃんたちが集う政党だ。しかし、サッチャーは庶民の出である。リンカンシャー州グランサムで生まれ、父は食料品と日用品を扱う店を営み、グランサム市長も務めたことがある地元の名士の一人。つまり、彼女はちょっと成功した市井の人の娘という立場で育った。

地元のグラマースクール（公立進学校）に通った街の商店の娘がオックスフォード大学で化学を学ぶというのは、当時の英国社会ではそうある話ではなく、しかもその女性が保守党議員になるというのは、おそらく現在でも珍しい話だ。つまり、彼女は保守党の中の「地べた派」だったのである。けっして党の主流派ではなく、二重の意味でのアウトサイダーだった。

BBC2のドキュメンタリー『Thatcher: A Very British Revolution』の中で、第一次サッチャー内閣で環境大臣を務めたマイケル・ヘーゼルタインがこんなことを語っている。

「僕はこう思う。彼女はある社会的階層から出てきた。経済的な成功で一段梯子を上った、成功したばかりの人々に関連付けられている性質はたくさんある。寛容性のない人は不寛容なままだし、梯子のさらに上のほうに上っている人たちへの懐疑心もある。頑迷さや、我々が暮らしている社会の本質に関するやや単純過ぎる解決法も。そして彼女は大学に行って素晴らしい学位を得た。彼女は優秀な頭脳を持っている。だから、つまりこれら二人のサッチャーがいたのだ。一人は同じ特徴を持つ集団の類型に準拠するサッチャー。もう一人は知的で、その類型を超越するサッチャーだ」

貴族の家柄という、いかにも保守党らしい階層から出てきたヘーゼルタインには、サッチャーはこう見えていたということだろう。成り上がった庶民特有の頑迷さや不寛容さや単純さはあったが、それを超えるインテリジェンスもあったと言っているのだ。上から目線もいいところである。このような保守党のエスタブリッシュメントたちの中で、しかも女性であるというハンディを背負って、サッチャーは党内主流派への戦いを挑んだ。

## 敵と戦うことでのし上がるポピュリズム

近年、何かと話題になるポピュリズムだが、英国でこの言葉が語られるとき、「そもそも、サッチャーがポピュリストだったよね」というようなことがよく言われる。実際、スチュアート・ホールなどの左派の知識人たちは、サッチャリズムを権威主義的ポピュリズムと呼んでいたし、米国のトランプ大統領やハンガリーのオルバン首相が登場する前から権威主義的ポピュリズムという言葉はあった。

ポピュリズムには共通の特徴がいくつか存在するが、勢力を拡大するためには重要な二つの条件があると言われている。一つ目は、それが主流派ではなく、アウトサイダーから出てきたムーヴメントであること。そして二つ目は、「敵VS味方」のわかりやすい構図をつくって、敵を攻撃し続けることで勢いを増していくということだ。トランプがわかりやすい例で、彼は政治経験や軍隊経験のない米国史上初の大統領であり、「既成政治のアウトサイダー」的な立場を売りにしてきた。さらに、リベラルや移民、中国などの敵を次々と設定し、リベラルの欺瞞を攻撃したり、壁を打ち立てると言ったり、貿易戦争をしかける発言をしたりして、それまでの政治にうんざりしていた人々に溜飲を下げさせてきた。

これはサッチャーが登場したときの姿にも似ている。エスタブリッシュメントの男社会である保守党の議員となったサッチャー（そもそも選挙区で保守党の公認候補にしてもらうだけでも涙ぐましい苦労をしており、そのあたりはアンドレア・ライズボローがサッチャーを演じたBBCドラマ『The Long Walk to Finchley』に詳しい）が、女性＆庶民の出というダブル・ハンディを持ちながら党首の座を勝ち得たのも、選挙に敗けたのにいつまでも辞めない前党首（エドワード・ヒース）をなんとか引きずりおろそうとした保守党内の一派の画策のせいだった。『Thatcher: A Very British Revolution』で、彼女が党首になったのは「アクシデントのようなもの」と話した保守党関係者もいる。要するに、前党首への反感を糧にしてサッチャーは新党首になったのだ。

さらに、彼女が首相になったのも、それまでの労働党政治への人々の反感を利用し、徹底的に「労働組合と社会福祉国家」を敵視したからだ。ときは、公共サービスのストライキが頻発し、街には回収されないゴミが溢れ、人々の不満が高まっていた頃だった。これは財政危機に陥った英国で、労働党政権がＩＭＦの救済を受け、その代償として公共支出を大幅に削減することに同意し、いわゆる緊縮財政を始めたので労働者たちの怒りが爆発したためだった。

労働者たちを代表する政党だったはずの労働党がＩＭＦに同意したことで、１９４５

年発足のアトリー政権以来の労働党の福祉国家路線は間違っていたのだという攻撃材料を保守党に与えることになった。公共支出を抑え、国民は国に頼るのではなく、自己責任で生きて行かなければ国は衰退し、経済成長もしなくなるという保守党のレトリックは、サッチャーの「社会などというものは存在しない」という言葉に集約されている。

しかし、面白いことにこのサッチャーの主張は、当初、労働者階級の人々に支持された。セリーナ・トッド著『ザ・ピープル　イギリス労働者階級の盛衰』で、もとは労働党支持者だったが1979年の選挙では保守党に鞍替えしたという男性が「自分を助けるためには自助をせよというメッセージが好きでした。……わたしは組合があまりにも力をもちすぎたと感じていました」と証言している。

何かがうまく行っていないとき、そのうまく行っていない理由としてみんなが納得しそうな敵を設定し、それを激しく叩きまくる。生活に不満や不安を抱えていればいるほど、誰かや何かを叩くことでスカッとできる人は多い。サッチャーは「福祉国家をぶっ叩く」ことでのし上がっていったのだ。

## フェモナショナリズムへの伏線

『Thatcher: A Very British Revolution』を見ていて、非常に印象に残ったのは、中高年の女性たちがサッチャーに熱狂する姿だ。とくに、一般家庭の主婦のような保守的なファッションの女性たち。「あ、あそこにいるわ」「え、どこどこ?」と言って、ストリートで一目サッチャーを見ようと集まった女性たちの様子が撮影されている。

これを見て、ふと思った。70年代といえば、インテリ層の女性たちはロンドンを中心に精力的にフェミニズム運動を展開していたし、60年代に広まったヒッピー文化や、パンクの登場で抵抗のユース・カルチャーが盛り上がった時代である。この頃、いわゆる家庭にいるお母さんたちはどうしていたのだろう。進取のカルチャーにかぶれて奔放になり始めた子どもや、福祉国家が機能していた時代が忘れられず家で愚痴ばっかり言っている労働者の夫。子どもには古くさい母親として軽視され、夫には家政婦のように扱われていた女性たちは、

「どんな女性でも、家庭を切り盛りすることの諸問題がわかる人は、国を回すことの諸問題をほぼ理解できるでしょう」

というサッチャーの言葉を聞いて心中で快哉をあげていたのではないだろうか。

「26歳を過ぎた男性がバスに乗っていたら、彼は自分を落伍者だと思っていいでしょう」

この有名なサッチャーの言葉は、新自由主義ここに極まれりというような残酷な言葉だが、このような言葉が（残酷であればあるだけ）一部の女性たちを痺れさせていたのではないか。自分を取るに足らない者のように扱う男たち（夫や同僚や上司）を「落伍者」と女性指導者が斬り捨ててくれるのは気持ちいいはずだ。

そう考えれば、フェモナショナリストの原型はサッチャーにあるようにも思えてくる。敵を見つけて叩くことで支持を伸ばすタイプのポピュリズムは、右派の女性議員の「お家芸」と言えるのかもしれない。

サッチャーのように露骨に弱肉強食的な政策を取れた政治家は他にいなかっただろうとよく言われる。そしてそれはまたよく言われているような、彼女が「鉄の女」と呼ばれるほど意志が強く頑固な人だったからという、キャラクター上の問題ではないのではないか。そうではなく、彼女の残酷な政策に快感を覚えて支持していた女性層が一部

（実はかなり）存在したからだとすれば、これは背筋が寒くなるホラー話ではある。

なぜホラーなのかと言えば、新自由主義に傍観者は存在できないからだ。サッチャーと一緒に負け犬を笑っていたら、自分の生活もどんどん苦しくなり、競争の激化と格差拡大によって女性の貧困化が益々進んだとすれば、うっぷん晴らしの代償に自分たちの首を絞めたとしか言いようがない。これはフェモナショナリズムが台頭する現代にも当てはまる教訓だ。女性たちは、快哉を叫びながら不幸のどん底に落ちていくような愚行は避けるべきなのである。

# おわりに

　連載が終了してから、米国のトランプ前大統領が大統領選で敗けるという大きな出来事があった。そして、言わずもがな、米国初の女性副大統領となったカマラ・ハリスが世界中から注目を集めており、これも『女たちのポリティクス』的には触れないわけにはいかないだろう。

　ジョー・バイデン大統領とハリスについては、本書でも「トランプはなぜ非白人女性議員たちを叩くのか」（P．106〜）でちょっと言及している。トランプはもともとオカシオ＝コルテス議員のような「極左」「プログレッシヴ（進歩派）」と呼ばれる若い議員たちが民主党の「顔」になったほうが自分には有利だと考えていて、バイデンやハリスのような中道派が民主党の前面に出てくれば選挙で苦戦すると予想していたことが伝えられていた。

その意味では、選挙はまさにトランプが恐れていた事態になって敗けたとも言えるが、ハリスはトランプ後の時代のプログレッシヴな政治を象徴する人物として世界中で取り上げられている。しかし、彼女は、民主党内ではあくまで「中道派」ということは再び思い出しておいてもいいと思う。とは言え、初の女性の副大統領であるだけでなく、初の黒人副大統領であり、初のアジア系副大統領である事実は重要だ。

ハリスはジャマイカ出身の経済学者の父とインド出身の内分泌学研究者の母との間に生まれた。両親が出会ったのは留学先のカリフォルニア大学バークリー校で、公民権運動への参加を通じて知り合った。両親に連れられて幼い頃からデモに参加していたので、社会に対する問題意識が子どもの頃からあったという。

その後、彼女が7歳のときに両親は離婚。ハリスは妹のマヤと共にインド出身の母親に育てられたが、母に連れられて何度もインドを訪れ、自分のルーツがそこにあることを強く感じるようになる。特に母方の祖父母には強い影響を受けたそうで、祖父はインド政府高官としてインドの独立のために戦った人であり、祖母はインドの貧困地域に暮らす人々に避妊などの性教育を行っていた。この祖父母をリスペクトして育ったハリスが政治の道に進んだのはごく当然のことに思える。

その一方で、ハリスの母親は自分の娘たちが米国では「黒人の子ども」として見られることを明確に意識し、生活の中にブラックカルチャーも取り入れていた。ハリスは全米屈指の名門黒人大学と呼ばれるハワード大学を卒業し、カリフォルニア大学ヘイスティングス・ロースクールを経て弁護士になり、地方検事事務所で働いた。検事として様々な事件を担当、2011年にはカリフォルニア州で初のアフリカ系女性司法長官になる。サブプライム住宅ローン危機では、バイデン大統領の長男であり、2015年に癌で亡くなったボー・バイデン氏（当時デラウェア州司法長官）と共に金融機関と闘い、住宅を差し押さえられた人々への補償を確保した。

2014年には弁護士のダグラス・エムホフと結婚し、2016年11月の選挙で当選。2017年からカリフォルニア州選出の上院議員になった。2019年1月には大統領選出馬を発表するが、バイデン（当時）候補の民主党指名獲得が確実になると彼を支持することを表明した。

司法長官時代には、警察改革や麻薬取り締まり改革、冤罪などの分野でプログレッシヴな態度を取らなかったという批判もあるが、ハリスは自分には自分のアイデンティティがあるから社会で周縁化されている人たちの声を代弁できると繰り返し言ってきた。

　そんな彼女が米国版ヴォーグ誌2021年2月号の表紙を飾ったときの写真が「washed out mess」とツイッターでこきおろされたのは興味深い出来事だった。「washed out」は色褪せた、くたびれたの意味があり、「mess」は乱雑な物、ゴチャゴチャの状態といった意味があるが、このツイートはハリスの写真撮影時の照明の使い方を批判したものだった。ヴォーグ誌はニューヨークポスト紙に対し、撮影後にハリスの肌の色を明るくしたのではという疑惑を否定している。この写真はハリスの肌の色だけでなく、服装やセットがカジュアル過ぎるという批判もあり、SNSが炎上したために、ヴォーグ誌は違うヴァージョンの表紙写真を使用した特別増刊号を発行すると発表した。

　しかし、この炎上があったおかげで、批判された表紙写真の中でハリスが履いていたスニーカーのブランド、コンバースへの関心が高まり、メディアインパクトバリュー（ブランドに関する統計や記事数を集計してマーケティング価値を割り当てたもの）が急増したとも伝えられており、こうしたことからもハリスの各方面への影響力の大きさが感じられる。

英国でも、すでに彼女が米国大統領になるという賭けがギャンブリング・サイトで始まっている。現時点（２０２１年2月25日）では、彼女が２０４０年までには大統領になり、二期務めるという予想をする人が多いようだ。バイデン大統領が高齢であることを考えれば、彼女が２０２４年に大統領になる可能性もあるが、２０２０年10月30日にインディペンデント紙のサイトに掲載された記事によれば、同紙がＪＬパートナーズと行った調査に答えた米国の有権者たちの28パーセントがハリスは大統領になるべきだと答え、44パーセントがなるべきではないと答えたという。

しかし、この数字は今後のハリスの活躍（あるいは失敗）に応じて変わっていくものだろう。特に「女性の政治指導者がコロナ対策に長けている」というイメージがある今、彼女が世界最大の感染国の副大統領としてどんな役割を果たしていくのかは大きな意味を持つ。コロナ禍では黒人やネイティヴ・アメリカンの死亡率が白人に比べて圧倒的に高く、構造的な人種差別の問題も浮き彫りになっている。家父長制や古い人種差別の概念を代表するような存在だったトランプが去った後の揺り戻しのムードも当然あるだろうから、人種的マイノリティや女性の問題を前進させることに再び力点が置かれることになる。そのときに、ハリスのアイデンティティは大きな武器になるのだ。

とは言え、彼女にもプレッシャーはある。バイデン政権は民主党内の穏健な中道派とプログレッシヴな左派の連合政権のようなものだが、ハリスが前者であるのに対し、後者には「左のトランプ」と呼ばれたほど若者たちを熱狂させたオカシオ＝コルテスがいる。すでにバイデン政権に対し、急進左派からは「もっと左へ」の声も上がっており、トランプを倒すために協力した両派に亀裂が入り、どんどん拡大していけば、民主党そのものがぐらつく。オカシオ＝コルテスたちの陣営には、バイデンの大統領就任式で最も注目された「スター」、バーニー・サンダース上院議員がいる。彼が大統領就任式で大きなミトンをして座っていた写真がネットで話題になり、最初は近所のおじいちゃんみたいだとからかわれ、世界中の人々がその写真で面白おかしいコラージュ画像を作ってSNSに投稿した。しかし、そのミトンが、古いセーターを再利用し、裏地にはペットボトルをリサイクルしたものを使っていたとわかった。しかもそれはサンダース支持者の地元の教員が編んだもので、2016年の大統領選の民主党予備選でヒラリー・クリントンに敗けたときに、サンダースを励ますためにプレゼントしたものだったとわかると、ミトンを編んだ教員のもとにミトンの問い合わせが殺到。ついに業者と連携して大量注文に応じることになったという。

サンダースが支持者からもらった庶民的な手編みのミトンで世界から注目を集めたりに対し、ハリスがヴォーグ誌の表紙写真で話題になったのは、「労働者のための政治」を標榜する急進左派と、「リムジン・リベラル（リムジンに乗ったリベラル）」と呼ばれることもある中道派の差をそのまま象徴するようですらあった。「リムジン・リベラル」に飽き飽きした人々がトランプ支持に回ったとも言われていたのだから、サンダースやオカシオ＝コルテスらの陣営との政策のすり合わせや調整をうまくやっていかないと民主党の人気も下火になる可能性がある。

さらに、当然ながら共和党からのプレッシャーもある。トランプは2024年の大統領選挙に再出馬するつもりだとも報道されているし、バイデン政権がコロナ後の経済のかじ取りに失敗したり、「リムジン・リベラル」色を感じさせる政策を行ってそれをトランプに批判させる隙を与えたりしたら、人々の怒りが爆発する可能性もある。

加え、2016年の大統領選でのクリントン敗北の決定要因はジェンダーだったとも伝えられているように、米国にはまだまだ女性の大統領を受け入れられない風潮がある。これらすべてを乗りこなし、調整しながらハリスは大統領への階段を上っていくことになるのだ。

個人的には米国に女性大統領が誕生すれば、日本も大きく変わるのではという気がする。トランプの選挙での敗北を認めない人々が日本の街頭でデモをしているらしいと話したら、英国の友人に「どうして？　日本って今でも米国の植民地なの？」と素朴な質問をされたのだが、やはり米国の日本に対する影響は強大だ。欧州の比ではない。米国に女性の、そして白人ではない大統領が誕生すれば、それによって日本の政治や社会も変わらざるを得ないのではないか（おっさん首脳同士のホモソーシャルなつきあいで何とかする、とかではもう通用しなくなるし）。

そういう意味で、初の女性大統領が米国に誕生するのかどうかは、日本にとって特に重大な意味を持つだろう。

さて、ここまで女性の政治指導者たちについて書いてきておいてこんなことを言うのも何だが、わたしは女性の政治家や政治指導者たちが増えるだけで（特に日本の）女性が今より楽に生きられるようになるとは考えていない。

ここで、まえがきで言及した「サフラジェット」の話に戻りたい。

この運動の発祥地は、ロンドンではなくマンチェスターだ。１９０３年にエメリン・パンクハーストがＷＳＰＵ（Women's Social and Political Union）を結成したとき、最初にメンバーとして集まったのはイングランド北部の独立労働党や組合運動に関わっていた女性たちだった。

サフラジェットには、中上流の高学歴の女性たちだけでなく、多くの労働者階級の女性たちも加わっていたことは、例えば英国映画「未来を花束にして」などを見てもわかる。サフラジェットは、階級を横断した女たちの連合だった。

ふだんは付き合うこともなければ、お互いがどんな暮らしをしているか想像したこともないようなお嬢様と工場員の女性が一緒にストリートで石を投げたり、警官と揉み合ったりしたのである。これは当時の女性全体の怒りのパワーがどれほど切実に高まっていたかということの象徴でもある。いま風の言葉（であるとともに物凄く古い言葉）を使えば、シスターフッドというやつである。

この当時にも匹敵する女性たちの怒りが高まってもいっこうにおかしくない状況がコロナ禍の社会にはある。日本はその前から女性の地位の低さでは世界的に有名な国だが、コロナ禍でいよいよ女性の貧困の問題が顕在化し、女性の自殺率が急増しているという痛ましい報道もあった。こういう状況になると、「（男性の）政治指導者たちに何とかしてほしい」「女性を生きさせてほしい」という声が上がるが、「何とかしてほしい」とお願いしても彼らは何もしないし、「生きさせてほしい」と悲痛な声を上げても「甘えるな」とか「お気の毒ですね」と言われて終わるのが精いっぱいだ。

彼らは何もしない、もう自分たちでやってやるしかない、という諦念と覚悟をもって女性たちが憤然と立ち上がったのがサフラジェット・モーメントだったとすれば、いままさにそれに似た機運が訪れようとしているのではないだろうか。

闘い方には、いわゆるトップダウンの方向性（政治やシステムに働きかけることによって人々の生活を変える。ロビーイングなどがここに入る）と、いわゆるボトムアップ

（下からの突き上げ。デモ、ストライキなど）の方法がある。社会運動をする人たちの中には、「ボトムアップこそが本物の民衆の運動の在り方であり、トップダウンでやるのは体制に与することだ」とか、「トップダウンでいかないといつまでたっても埒があかない。ボトムアップは愚かな運動家のロマンだ」とか、いろいろな意見を持っている人がいてよく揉めたりするが、深く地に根を張ったイシューをどうにかしようと思ったら、使えるものは何でも使う必要がある。上からも下からも潰していかないと「これまでの常識」は突き崩していけない。

この本は女性の政治指導者たちについて書いた文章を集めたものなので、もちろん「トップダウン」の方向になるが、しかし「ボトムアップ」の動きも同時になければ物事は前進しない。

むかし、わたしは「下対上の時代だ」と書いたことがある。しかし、女性の闘いという枠組で考えたときには、いつまでもいがみ合っていても仕方ないのではなかろうか。むしろ、白アリのように上からも下からも常識の柱を食い潰していくのがいい。いまこそサフラジェットや女性が参政権を勝ち取った時代のことをわたしたちは思い出すべきなのだ。

女たちのポリティクスは再び燃えているか。

２０２１年２月25日　ブレイディみかこ

写真

共同通信社

SVEN SIMON／DPA／共同通信イメージズ

DPA／共同通信イメージズ

ロイター＝共同

CQ Roll Call／ニューズコム／共同通信イメージズ

UPI＝共同

Hulton Archive／ゲッティ／共同通信イメージズ

ゲッティ／共同通信イメージズ

Iconic Images／ゲッティ／共同通信イメージズ

幻冬舎新書 621

# 女たちのポリティクス

## 台頭する世界の女性政治家たち

二〇二一年五月二十五日　第一刷発行

著者　ブレイディみかこ

発行人　志儀保博
編集人　小木田順子
編集者　羽賀千恵
発行所　株式会社　幻冬舎
〒一五一―〇〇五一　東京都渋谷区千駄ヶ谷四―九―七
電話　〇三―五四一一―六二一一（編集）
〇三―五四一一―六二二二（営業）
振替　〇〇一二〇―八―七六七六四三
ブックデザイン　鈴木成一デザイン室
印刷・製本所　中央精版印刷株式会社



Printed in Japan　ISBN978-4-344-98623-7 C0295
ふ-21-1
幻冬舎ホームページアドレス https://www.gentosha.co.jp/
＊この本に関するご意見・ご感想をメールでお寄せいただく場合は、comment@gentosha.co.jp まで。